Remerciements de l'auteur

Mes remerciements s'adressent tout d'abord au Frère Jean-Miguel Garrigues, pour ses très précieux conseils et intuitions.

Remerciements à Gilles et Véronique pour les longues heures de relecture et pour les suggestions faites au profit de ce livre.

Remerciements tout particuliers à Claude-Anny, à l'infatigable François et à Jean-Marie pour ses innombrables recherches et découvertes au sein de la Culture Jeune.

La photographie qui illustre la couverture est signée *Viona*. Tous nos remerciements pour son autorisation gracieuse de reproduction.

isbn 2-84863-034-5

Benoît Domergue

Culture Jeune et ésotérisme

Vers une dérive antichristique de la culture des jeunes ?

EB

L'auteur

Le Père Benoît Domergue, âgé de quarante-neuf ans, est actuellement curé de la Paroisse Saint Ferdinand à Bordeaux. Après sept années de recherches effectuées à l'École Pratique des Hautes-Études en Sciences Religieuses à Paris — avec une spécialisation en sanskrit et en hébreu — et ses nombreuses investigations dans les courants traditionnels ésotériques et magiques, il obtient son doctorat en théologie à l'université Pontificale Grégorienne à Rome. Auteur de plusieurs ouvrages sur la nouvelle religiosité et les courants magiques, il donne de nombreuses conférences auprès de milliers de jeunes collégiens, lycéens et étudiants en France chaque année, rencontres qui se prolongent avec les parents, éducateurs, enseignants et animateurs pastoraux.

DERNIÈRES PUBLICATIONS

La réincarnation et la divinisation de l'homme dans les religions, Editrice Pontificia Università Gregoriana, Roma, 1997.
Culture Barock et Gothic Flamboyant, Éd. F.X. de Guibert, Paris, 2001
«Musiques extrêmes…» in *La Tyrannie des Bien-Pensants*, Éd. Economica, Paris, 2002.
«Les traditions ésotériques – le Nouvel-Âge» in *Les Grandes Religions*, coll. Les Chemins de la Foi, III, Éd. du Cerf, Paris, 2005.

Avertissement au lecteur

Culture Jeune et ésotérisme est le second ouvrage que je publie pour rendre compte de l'influence croissante des mouvances ésotériques et sataniques dans la culture offerte aux adolescents et aux jeunes d'aujourd'hui. Bien qu'indépendant et parfaitement lisible, la consultation de l'ouvrage *"La musique extrême : un écho surgi des abîmes - Culture Barock et Gothic Flamboyant"*[a] permettra de se faire une idée plus complète du phénomène Culture Jeune. Ces deux ouvrages s'inscrivent en effet dans une continuité et s'éclairent réciproquement.

Les pages qui suivent sont l'aboutissement d'un travail de recherche qui a nécessité de nombreuses investigations de terrain dans un domaine encore largement méconnu du grand public, des éducateurs et des spécialistes des questions de société. Ces investigations se sont enrichies des contacts noués avec les jeunes lors de mes conférences dans les collèges et les lycées et dans le cadre de ma mission pastorale. Pour rendre compte de la vérité de ces rencontres souvent bouleversantes, j'ai tenu, à certains moments à employer la première personne du présent à l'indicatif. C'est aussi une façon de témoigner de l'intérêt que je porte à ces jeunes.

Pour vérifier certaines hypothèses, notamment sur l'impact des mises en scènes et des techniques sonores sur le métabolisme et le conditionnement lors des concerts, je me suis rendu à certains rassemblements. Là aussi, par souci de vérité de réalisme, il m'a semblé important d'écrire à la première personne : le rédacteur de cet ouvrage et le spectateur de ces concerts ne faisant qu'un. Merci au lecteur d'être indulgent pour cette liberté de style qui n'a d'autre objectif que de lui rendre plus authentique la lecture de ces pages et de lui faire partager mes préoccupations mais aussi mon espérance.

---

a- Éd. F.-X. de Guibert, Paris, 2004

Préface

Ce livre du Père Benoît Domergue, dont les qualifications universitaires et pastorales font un maître en la matière dont il traite, manifeste au grand jour tout un sous-sol ténébreux de notre société. On aurait tort cependant de ne considérer celui-ci que comme une des diverses «sous-cultures *underground*» que charrie notre époque. Le caractère anté-christique des puissants courants que décrit et analyse l'auteur indique que nous sommes en face d'un «signe des temps» que l'Église doit discerner en le rattachant à d'autres signes convergents qui viennent de notre monde.

Notre humanité donne, en effet, aujourd'hui des signes éloquents d'usure et de vieillissement. La civilisation occidentale semble épuisée parce que coupée de ses racines religieuses et culturelles, lesquelles plongeaient dans la sagesse antique et dans la Révélation biblique. En même temps son hégémonie a atteint à travers l'économie une telle mondialisation qu'on ne voit pas qu'une autre civilisation puisse la remplacer. Le monde n'a plus en réserve des barbares susceptibles de le renouveler parce qu'avides de civilisation, comme ceux qui au Vème siècle envahissaient l'Empire Romain ; ce qui en tient lieu ce sont des masses déculturées à la fois par les déracinements migratoires et par l'effondrement de l'éducation occidentale. Ce n'est pas la barbarisation qui nous menace, c'est la dégénérescence mondialisée. D'où l'impression confuse d'avoir fait le tour des possibles : voilà sans doute le sens ultime de ce qu'on a appelé récemment «la fin de l'histoire». Les États-Unis, sans doute la dernière nation où il se trouvait encore des hommes prêts, librement et sans fanatisme, à mourir pour quelque chose de plus essentiel que la vie corporelle, ne font plus eux-mêmes que des guerres électroniques ou des campagnes reposant surtout sur des mercenaires. Déculturation des élites, ensauvagement des masses, terrorisme en expansion, esprit capitulard d'un âge post-héroïque, tous ces signes pourraient bien indiquer qu'un monde touche à sa fin.

Quant à l'Église, au risque de choquer des pasteurs qui, pour ne pas «désespérer Billancourt», nous annoncent périodiquement ici ou là qu'elle connaît un «printemps», je la vois plutôt comme entrée en agonie. Les populations des anciennes nations chrétiennes d'Europe deviennent de plus en plus étrangères à la religion qui les a portées pendant des siècles, au moment même où des flots d'immigrés musulmans font de l'islam sans doute la première religion par la pratique. Dans le continent américain l'Église se désagrège dans bien des lieux au profit d'une myriade de communautés évangéliques et de sectes qui attirent un public éphémère par une religion purement émotionnelle. En Afrique noire le christianisme recule partout sous la poussée de l'Islam. Quant à l'Asie, elle reste globalement réfractaire à l'évangélisation chrétienne. Là où, comme aux Philippines ou en Corée, le christianisme est massivement présent on remarque le même phénomène qu'en Amérique. Mais, par-delà ces constatations socio-religieuses inquiétantes, le phénomène le plus expressif de cette entrée en agonie de l'Église est que la masse des Chrétiens, et même des Catholiques, malgré l'excellent enseignement des documents pontificaux et du *Catéchisme de l'Église Catholique*, ne sait plus bien en quoi elle croit. Cela est certes dû à l'ignorance consécutive à la déculturation religieuse, mais plus encore au relativisme éthique et religieux qui ronge notre civilisation mondialisée.

L'Église a les promesses de la vie éternelle. Elle ne meurt pas dans son âme, bien au contraire. Le XXème siècle a donné à Dieu plus de martyrs que l'ensemble des siècles précédents. En ce début de XXIème siècle chaque année une centaine de chrétiens sont tués en haine de leur foi. L'agonie de l'Église est portée par les saints dans une offrande plus totale d'eux-mêmes. Les saints modernes atteignent des sommets de charité et cette sainteté resplendit davantage, parfois jusqu'en haut de la hiérarchie ecclésiastique. Jamais auparavant l'Église n'a enseigné une doctrine de la foi aussi riche, jamais les sources de la Révélation auxquelles elle puise, n'ont été aussi accessibles. Le vrai et le bien croissent donc dans le cœur de l'Épouse du Christ et la portent plus que jamais à la rencontre de son Époux.

Et pourtant la vitalité communicative du corps de l'Église s'essouffle et sa mission n'arrive même plus à suivre le rythme de la croissance de la population mondiale. Les courants spirituels qui s'efforcent de la renouveler sont eux-mêmes souvent, hélas ! parasités par les forces de mort d'un monde privé des fondements métaphysiques et des repères éthiques que transmettaient la culture et les traditions. La «nouvelle évangélisation» est excellente dans le but qui lui a été assigné et il est normal qu'elle mobilise en conséquence de nombreuses bonnes volontés dans l'Église, surtout chez des jeunes spontanément généreux. Par ailleurs, l'âme humaine possédant une capacité naturelle par rapport à Dieu qu'aucun conditionnement défavorable ne saurait anéantir, le salut des hommes est un combat spirituel que nous ne saurions déserter, car son issue reste en suspens jusqu'au bout. Néanmoins, dans le contexte historique qui est le nôtre, cette «nouvelle évangélisation» est trop souvent mise en œuvre sous la forme d'une agitation utilisant toutes les recettes même les plus suspectes : goût pour le sensationnel et le spectaculaire, pour les personnalités spirituelles médiatiques drainant des foules à l'enthousiasme creux, recherche des moyens du monde (argent, prestige, pouvoir) pour conditionner les fidèles, opportunisme pratique et démagogie au nom d'une efficacité à tout prix, culte de la personnalité envers ceux qui exercent l'autorité...

Les forces de mort manifestent donc leur présence dans l'Église par exemple quand éclatent ici ou là des affaires de mœurs – prêtres pédophiles entre autres – ou que se produisent des dérives sectaires, tandis que les paroisses se vident et que le nombre de prêtres décroît. Celui qui était encore le cardinal Ratzinger le confessait à la neuvième station de son chemin de croix du Vendredi Saint 2005 : «Que de souillures dans l'Église, et particulièrement parmi ceux qui dans le sacerdoce, devraient lui appartenir totalement ! Combien d'orgueil et d'autosuffisance !». Le plus grave c'est que notre civilisation semble avoir éteint chez la plupart de nos contemporains le *désir de sagesse* connaturel à l'homme, qui a été, depuis l'origine de l'Église, la pierre d'attente pour la mission chrétienne. Le sentiment religieux qui renaît en notre siècle ne réveille pas ce désir, car il s'agit d'une religiosité confuse, qui régresse partout aujourd'hui, comme ce livre le montre, vers l'émotion sans contenu, vers l'efficacité superstitieuse, vers la magie quand ce n'est pas vers la sorcellerie, voire le satanisme.

Ces multiples signes convergents d'une «grande apostasie» (2 Th 2, 3) m'inclinent à penser que nous approchons de la «fin du temps des nations» (Lc 21, 24), c'est-à-dire de la fin de la mission de l'Église auprès des païens. Dire cela n'est pas faire montre d'illuminisme en prétendant connaître la date du temps de la fin que nul ne connaît, et que le Fils lui même n'a pas eu mission de nous révéler. D'abord parce qu'on ne sait jamais quand les choses doivent en finir de finir. Ensuite parce que je ne fais pas état d'une certitude, encore moins d'une prétendue révélation, je donne là simplement une conjecture vraisemblable, que les événements peuvent conduire à réviser, à la façon dont Saint Paul lui-même a été conduit à modifier sa conviction sur la venue du Christ en gloire de son vivant (1 Th 4, 15). Enfin et quoi qu'il en puisse être, à travers la fin d'un monde, comme ce fut le cas pour la fin de l'empire romain, Dieu dit à l'homme quelque chose de la fin du monde, il est donc légitime de discerner les signes des temps dans cette perspective. En faisant cela, je ne crois pas manquer d'espérance, car cette vertu théologale n'a rien à voir avec un quelconque regard optimiste sur l'avenir terrestre de l'Église, puisque «le Royaume ne s'accomplira pas par un triomphe historique de l'Église»[1], mais repose sur la «certitude que Dieu nous donnera sa grâce en ce monde et le bonheur éternel dans l'autre» *(Acte d'espérance).*

Or, de bien des manières, comme Newman l'avait prophétisé au seuil de notre époque, sur notre monde se profile déjà l'ombre de l'Antéchrist. L'entrée spontanée de tant de Juifs Messianiques dans la Nouvelle Alliance me semble être aujourd'hui un signe qui le confirme en positif[2]. Elle nous rappelle qu'à travers même les suprêmes détresses, «les miséricordes du Seigneur ne sont pas finies, ni ses compassions épuisées» (Lm 3, 22). S'il en était bien ainsi et que le Seigneur commençât à frapper en ce temps à la porte de son Église les coups annonçant sa visite définitive, ce qu'Il nous demanderait désormais ce n'est pas de nous agiter dans l'activisme apostolique – même si chacun de nous doit aussi terminer consciencieusement sa «partie de balle» selon la formule de Saint Louis de Gonzague – mais de nous préparer à endurer le dernier assaut de l'Adversaire et à donner notre vie en entrant dans «l'ultime Pâque de l'Église» où elle suivra son Seigneur dans sa mort et sa Résurrection[3]: «Celui qui aura tenu bon jusqu'à la fin sera sauvé» (Mt 24, 13).

Fr. Jean-Miguel Garrigues

1- Catéchisme de l'Église Catholique n° 677.
2- Catéchisme de l'Église Catholique n° 673-674.
3- Catéchisme de l'Église Catholique n° 677.

Introduction

Numérique, virtuel et fantasy

La civilisation culturelle de ce troisième millénaire devient un «cyber monde» en totale effervescence avec des bouquets, des paraboles, des câbles et une toile... pour le dire de façon plus brève encore, ce monde est un chiffre ou plus exactement deux chiffres à travers le zéro et le un ! un monde numérique dans lequel aucune lettre apparaît, ce qui est un comble ! puisque l'homme n'a jamais autant écrit de publications au cours de ces dernières années au regard de toute l'histoire humaine.

Aujourd'hui, avec l'essor de la technologie, le nombre, le numérique règne sans partage sur notre environnement et notre quotidien à l'insu de tout un chacun. La lettre a disparu pour laisser place à un nombre infini : Zéro... Un... Zéro... Un... cela paraît si simple et pourtant, quelle complexité pour transcrire les ouvrages d'une bibliothèque nationale, l'ensemble des fluctuations boursières ou encore tous les détails du génome humain avec seulement deux chiffres ! La technologie des *CD* ou encore des *DVD* en est une illustration flagrante quand un minuscule faisceau laser est capable de restituer la plus complexe des symphonies à travers la lecture d'innombrables microperforations.

Cette technologie est à l'origine d'une diffusion sans précédent de la culture et, simultanément permet, notamment à travers des concerts saisissants, le retentissement de groupes très connus des adolescents comme *Slipknot*, *Cradle of Filth* et *Marilyn Manson*. La technologie de pointe au service de la culture est donc une opportunité extraordinaire mais il n'est pas possible de l'apprécier de façon identique face à des spectacles de tous les excès toujours plus nombreux et plus accessibles.

Une «culture adulte» très précoce

Depuis le commencement des années deux mille, pour ne parler que d'une époque très récente, les jeunes sont en effet de plus en plus tôt concernés par une culture dite «adulte» comme il existe des *BD* pour adultes... et adolescents. Ce ne sont plus seulement les jeunes mais les enfants toujours plus précoces — dès les dernières classes du Primaire — qui cohabitent ainsi, le plus facilement du monde, aux côtés de quantité d'expressions culturelles que nous pourrions cataloguer de «hors limites». D'innombrables œuvres d'art picturales, cinématographiques et bien sûr musicales sans parler des jeux vidéos sont désormais accessibles à tous publics, sans aucune censure ni retenue.

Ces expressions culturelles correspondent en particulier à de très nombreux disques ou albums comme ceux, par exemple, des groupes *NTM, SNIPER* ou encore *DOC GYNÉCO* que l'on doit traduire comme suit :

> NTM : «Nique Ta Mère».
> SNIPER : «Tireur embusqué».
> DOC GYNÉCO : Comme son nom l'indique, «Spécialiste en gynéco-logie !».

Le temps des «cassettes musicales» est déjà pratiquement révolu, ces enregistrements qui permettaient au mieux d'écouter simultanément une trentaine de chansons, doté d'un *walkman* ou d'un «baladeur».

De nos jours, les procédés *i-pod* et les *MP 3* en particulier sont à l'origine d'une révolution en matière d'enregistrement puisque les compilations dépassent à présent les dix mille chansons pour un seul module. Théoriquement il est désormais possible d'écouter équipé de l'une de ces nouvelles conceptions numériques, sans discontinuer tous les genres et modes musicaux . Voilà pour la quantité ! quant aux expressions de ces mêmes enregistrements, les extraits de la chanson suivante — de *Doc Gynéco* — sont susceptibles de nous donner une idée de ce qui est largement connu de nos jours chez les dix – quinze ans.

Ma «salope» (...)[1] à moi

«Y'a beaucoup de ragots qui circulent sur ton dos !
Y'a écrit Tasse Pé avec ton nom sur mon pallier !
Tu es ma Tasse — Ma Tasse — Ma Tasse Poupée
Ma Tasse Pé...» (pendant 4 mn 10 s.)

Un style «décalé»

L'expression *Tasse Pé* doit s'entendre *Pé... Tasse* comme le terme «laisse-béton» pour «laisse-tomber !» et s'adresse à la compagne du chanteur, ce que nous devons bien sûr interpréter suivant un mode «décalé», au dire des intéressés !

À ce propos, nous pourrions dire que ce style «décalé», en bon français, signifie deux choses comme nous l'apprend le dictionnaire :

- «Un objet dont on a enlevé les cales» ou
- «Ce qui est déplacé de sa position normale».

Et c'est précisément — pour aller jusqu'au bout de cette logique — ce que l'on constate dans ces

1- En français dans le texte.

chansons, un «décalage», une «rupture», des milliers d'affirmations sans repères ni limites dans lesquels ce qui est censé être normal est anormal et le contraire ! Les adultes peuvent évidemment comprendre ce style «décalé» contrairement aux enfants qui, en revanche, s'y engouffrent aisément jusqu'à vivre un véritable... «décalage horaire», un «décalage» que de très nombreux parents, professeurs et éducateurs jugent de plus en plus important voire abyssal. Alors il est grand temps de recevoir, d'écouter et surtout de discerner le sens profond de ces innombrables messages comme autant «d'appels au secours» sous peine de constituer ensemble — les jeunes et les adultes — une société dont on a enlevé définitivement les cales.

Ces expressions culturelles ne sont pas seulement musicales, elles se traduisent également au moyen d'innombrables *BD* et *Mangas* d'origine nippones — qui versent progressivement vers la pornographie — et leurs homologues coréennes (*les manhwas*) qui commencent à envahir les bacs des rayons «enfance».

Les Mangas

Terme nippon qui peut se traduire indifférement par dessin animé ou bande dessinée, les

Mangas sont des aventures épiques généralement ultra-violentes et à caractère magique. Ces nouvelles mythologies reposent pour l'essentiel sur différents concepts philosophiques empruntés aux traditions *Shinto* et *Zen*, depuis les premières séries de *Goldorak* de la fin des années soixante-dix.

Parmi les plus connus de ces concepts propres aux *Mangas*, apparaît le plus souvent celui d'*Anâtman*[2], littéralement : «sans âme individuelle». *Anâtman* — en sanskrit — à l'origine, est un principe fondamental des enseignements du *Bouddha Shakyamuni*.

Ce principe est fondamental dans la pensée extrême-orientale et explique en partie pourquoi de nombreux croyants japonais, sinon de l'Asie du Sud-Est, ignorent et même rejettent l'existence de l'âme humaine. L'âme n'est pas immortelle mais évanescente, comparable aux vagues de l'océan qui se succèdent sur le rivage, indéfiniment, à l'instar des principes de la métempsychose. Un individu ne représente qu'une expression de l'océan qui s'élève dans ladite vague et ne possède donc pas d'identité propre, et c'est pour cette raison que les êtres naissent et meurent indéfiniment comme les vagues de la mer apparaissent et disparaissent.

L'approche de la mort et même du suicide est

2- Etymologie constituée du *A* privatif (comme en grec) et du proncm réfléchi «soi-même» (An)âtman qui correspond à l'âme humaine. Anâtman signifie donc : «sans âme individuelle».

très liée à cette conception. Ainsi en 1989, dans la semaine qui a suivi la mort d'Hirohito, père d'Akihito l'actuel Empereur du Japon, près d'une cinquantaine de vieillards Samouraï ont observé le rituel Seppuku qui culmine avec le traditionnel hara-kiri.

Les *Mangas* obéissent d'une manière analogue à cette loi, quand les héros meurent et renaissent à l'infini suivant les règles implacables de la réincarnation ou de la palingénésie — plusieurs naissances — celles des vagues qui ne sont qu'un aspect singulier — et pluriel — de l'immensité de l'océan.

Les jardins *Zen* du Japon traditionnel traduisent aussi les mêmes conceptions quand par exemple un certain nombre de monolithes sont savamment disposés dans un parc miniature suivant un code ésotérique très précis. Les pierres sont agencées les unes par rapport aux autres de telle manière que personne ne peut en compter le nombre exact. La seule condition étant de ne jamais pénétrer dans l'enceinte sacrée du jardin.

La circumambulation du moine peut s'effectuer jusqu'à la mort de celui-ci sans qu'il puisse d'un seul coup d'œil voir la totalité des pierres, l'une d'entre elles cachant toujours telle autre, quel que soit l'angle de vision !

Ce type de raisonnement ou d'expérience, toujours au sein des *Mangas*, est le plus souvent relayé par des puissances ou des pouvoirs prodigieux et magiques dont disposent les héros bons ou méchants. Ces pouvoirs correspondent aux *Kamis*, aux divinités *Shinto* identifiées à tels volcans, cascades, clairières ou autres animaux sauvages. Ces *Kamis* suppléent le plus souvent aux déficiences humaines au même titre que les *Siddhis* des *Yoga-Sûtra* ou les «Alliés» chamaniques dont les images virtuelles des *Mangas* traduisent les manifestations par des éclairs ou des «flashs explosifs» de toutes sortes. Les très jeunes héros des *Mangas* sont donc le plus souvent possédés par bon nombre d'entités empruntées au panthéon *Shinto*.

Nous retrouvons bien sûr ces éléments plus ou moins réadaptés dans des séries cultes pour la jeunesse — *BD* et film — comme *Hell-Boy*[3] ou comme la trilogie *Matrix*, dont nous reparlerons plus avant, ainsi que les dernières séries d'*Harry Potter*.

Harry Potter

Harry Potter est, avant toute autre considération, un phénomène éditorial avec plus de trois cents millions de livres publiés sur les cinq continents en l'espace de quelques années seulement. L'auteur anglais, Joanne Kathleen Rowling, fait

3- Film américain sorti au début du second semestre 2004.

l'apologie de la sorcellerie sur plus de deux mille pages — six volumes déjà parus — dans un style très accessible et à destination d'un public jeune.

Les trois premières aventures[4] sont assez distrayantes avec des concours de «vol-de-sorcière-sur-manche-à-balai» ou encore la «quatre cent deuxième coupe du monde de *Quidditch...*», de très nombreux travaux pratiques de prestidigitation plus ou moins bouffons et espiègles... Finalement, les premières histoires sont peut-être une adaptation assez libre et surtout très «moderne» conçue à partir de quelques Sagas scandinaves, les contes des frères Grimm sinon ceux d'Andersen avec La Paquerette, La Reine des Neiges, le Sapin ou encore Les Souliers Rouges...

Le quatrième roman «la Coupe de Feu» — pour ne prendre que cet exemple — se radicalise quelque peu avec différentes connotations démonologiques et autres apparitions telles que «*les Détraqueurs*», sortes de démons sans yeux, capables d'aspirer l'âme des vivants[5]...» ; c'est aussi «un dénommé Dudley... qui suffoquait, crachait, s'étouffait, tandis qu'une horrible chose gluante et violacée de trente centimètres de long pendait de sa bouche... Il s'agit d'un sortilège d'Engorgement... sa langue serpentait hors de sa bouche comme un python gluant[6]...».

4- *Harry Potter à l'école des sorciers, La Chambre des Secrets* et *Le Prisonnier d'Azkaban.*
5- J.-K. Rowling, *H. Potter et la Coupe de Feu*, Gallimard Jeunesse, 2002, p. 30.
6- Idem. p. 57.

C'est encore un pouvoir maléfique — dénommé Imperium — lequel consiste à maîtriser quelqu'un contre son gré jusqu'à lui ordonner de «se jeter par la fenêtre, de se noyer etc.[7]».

Les lecteurs ou spectateurs[8] parfois très jeunes — six à huit ans — ne sont évidemment pas en mesure de discerner la part de rêve, indispensable, de ce qui relève de la magie noire et de l'occultisme classique au sein même des intrigues successives. Autant les contes et légendes traditionnels, sauf très rares exceptions, connaissent un dénouement heureux à travers le désormais très célèbre «ils se marièrent et eurent beaucoup d'enfants», autant les perspectives de notre jeune sorcier sont nettement plus noires et désespérées. Bien sûr que le scénario n'est que pure fiction, mais les enfants ne l'entendent pas de la sorte. En effet, interrogés sur le profil de l'œuvre, ils expriment généralement leurs interrogations à l'image de la mort de notre héros, mort annoncée au terme du septième et dernier volume de la Saga ou encore à l'image de l'ultime malédiction du troisième film formulée par Harry Potter lui-même : «Je ne vous souhaite que le malheur !».

La Belle au bois dormant et Blanche Neige subissent moult maléfices mais c'est toujours l'amour qui l'emporte. Harry Potter est un person-

---

7- Idem p. 227
8- Chaque livre est théoriquement mis en scène à travers un film qui lui correspond dans l'intrigue.

nage très attachant, à l'enfance malheureuse comme Cendrillon mais sa destinée, quant à elle, se retourne toujours à son désavantage. Il semblerait que le Petit Poucet ne parvienne plus à retourner la situation : les *Ogres* — et les *Uruk-Haï*[9] ont désormais la vie dure ! Certes la différence est infime en apparence mais la magie noire semble ne plus lâcher sa proie et surtout rend très difficile un quelconque *Happy End* ! Comment cela est-il perçu dans l'imaginaire de nos enfants ?

Les expressions culturelles décrites dans les pages précédentes constituent les repères des jeunes d'aujourd'hui au sortir de l'enfance. Elles combinent de façons syncrétiques des éléments hétéroclites et folkloriques des différentes civilisations. Tout en fournissant des références prétendument religieuses à ces jeunes enfants, elles les éloignent en fait des grandes traditions philosophiques et spirituelles.

Dans ce contexte déstructuré et déstructurant, ces jeunes abordent une culture dite «jeune» (ce que nous appelons la «Culture Jeune»), culture marquée par des pratiques extrêmes et des expériences hors limites.

9- Cf. en particulier la mythologie de J.-R.-R. TOLKIEN in *Le Seigneur des Anneaux — Les deux Tours*, T. II, Livre 3, chap. 3.

I

La Culture Jeune, une culture de tous les extrêmes

Des artistes hors limites

À notre connaissance, il n'existe pas — sauf très rares exceptions — de groupes de musiques ou de scénaristes (à l'origine de bandes dessinées, vidéos, films, Jeux-de-Rôles...) qui parodient ou dénaturent des religions telles que l'islam, l'hindouisme, le bouddhisme, le taoïsme pour ne parler que des plus importantes d'entre elles.

Ce sont le christianisme et le judaïsme qui, en revanche, subissent le plus de contradictions et d'oppositions de la part de quantité d'artistes issus de la majorité des pays industrialisés. Dans des proportions insoupçonnées, c'est au demeurant l'Église Catholique Romaine qui est au centre de cette tourmente. Nous connaissons bien sûr quelques chansons de Georges Brassens à la suite du surréalisme ou de chanteurs des années cinquante et soixante qui écrivirent quelques pamphlets à tendance anticléricale, mais de nos jours, le phénomène connaît une telle ampleur qu'il serait illusoire de comparer les genres avec quelques décennies de différences.

Ce sont ainsi des centaines d'artistes, dans des proportions toujours croissantes, qui publient quantités d'ouvrages[10] à travers la dérision, la subversion en tout genre, le blasphème... Ils sont romanciers, dessinateurs, peintres, scénaristes ou sculpteurs et

---

10- Cf. les revues comme *SchlagZeilen* en Allemagne, *Secret Magazine* en Belgique, *D Magazine* pour la France et *Skin Two* pour l'Angleterre...

sont pour la circonstance qualifiés d'«artistes hors limites». Ils prônent volontiers le *body-art* et le *porno-art*, l'échangisme et l'homosexualité ou encore les tendances vampires[11] les plus variées.

Parmi les plus connus nous pourrions évoquer le suisse *Giger*[12], l'allemand *Joachim Luetke*[13], les nord américaines *Ann Rice*[14] et *Poppy Brite*[15] et bien sûr le britannique *Trevor Brown*[16]. Ce dernier, pour ne citer que lui, ne cesse de peindre et d'illustrer d'innombrables portraits d'enfants ou de jeunes pour la plupart prépubères en tenues néofétichistes vêtus de cuir, de vinyle et autres accoutrements en latex. Brown, d'origine anglaise et résidant au Japon depuis 1994, s'est fait connaître en particulier au sein de la scène musicale industrielle à travers la création de pochettes de *CD*.

11- Cf. en particulier Léa Silhol et ses romans *Vampire, portraits d'une ombre*, Éd. Oxymore, 1999 ; *De sang & d'Encre*, Éd. Naturellement, 1999 ou encore *Contes de la Tisseuse, cinq saisons et un élément* aux Éd. Nestiveqnen, 2000. Léa Silhol a supervisé pendant plusieurs années le *Cercle d'Études Vampiriques* et la revue très documentée *Requiem* sur les vampires.
12- H.-R. Giger. Cf. par ex. ses œuvres comme *Necronomicon* I et II ou *Icons*, Éd. Taschen.
13- Joachim Luetke, Autrichien d'adoption, publie quantité d'œuvres pour des groupes comme *Sopor Æternus, Persephone* ou encore *Dimmu Borgir* avec l'album *Death Cult Armageddon* en particulier.
14- Ann Rice est une des références en matière de romans sur l'horreur et la tendance vampire. On lui doit une vingtaine d'ouvrages dont *Entretiens avec un Vampire* en 1976 ou *Lasher* en 1995.
15- Poppy Z. Brite est très connue pour ses romans comme *Sang d'encre*, *Contes de la fée verte*, *Are you Loathsome Tonight ?* ou *le Corps exquis* aux Éd. J'ai lu... L'auteur est réputé pour son style «gore» à la violence très crue.
16- Trevor Brown, *My Alphabet*, Treville, Japan, 1999 ; *Temple of Blasphemy* et *Rope, Rapture & Bloodshed* aux Éd. Mondo Bizarro Press, Italy, 1999 et 2001. Dans la même tendance, il faut également citer la New-Yorkaise Rita Ackermann qui se cantonne elle aussi dans les peintures d'adolescentes très dénudées (...)

C'est par ce biais que l'esthétique sadomasochiste gagne progressivement de jeunes adolescents très attachés à certaines collections vestimentaires comme nous le décrirons plus tard. Dans les années quatre-vingt, ces tendances n'étaient que très marginales mais au cours de la décennie suivante et plus encore depuis les années deux mille, c'est aussi la haute couture qui diversifie ces mêmes créations, en particulier avec *Jean-Paul Gaultier*[17].

Aujourd'hui, tous les excès s'affichent dans la bande dessinée et les magazines pour enfants et adolescents dans des proportions inimaginables au regard de ce que déjà la presse *underground* produisait dans les années quatre-vingt.

Dans le sillage de *Trevor Brown*, ce sont des artistes américains, européens ou japonais comme *Mark Ryden*, *Romain Slocombe* ou encore *Nobuyoshi Araki*... qui cultivent désormais «l'innocence ambiguë» avec cette nécessité de «peindre des choses innocentes avec une intention immorale»[18]. Apparaissent ainsi çà et là, accessibles au grand public, quantité de collections de poupées à la mode «sadomasochiste» et des «abécédaires d'enfants — peut-être pas pour les enfants» au dire de ces mêmes auteurs !!

17- Dans la haute couture, il faudrait également évoquer V. WESTWOOD et T. MUGLER.
18- Propos recueillis par ALYZ TALE auprès de TREVOR BROWN in *Elegy* n° 29 — août-septembre 2003, pp. 54-59

Livres de collections, jeux de société et jeux de cartes pour enfants et adolescents

Les rituels sataniques et les pratiques noires et occultes envahissent les rayons pour enfants à travers certaines anthologies très documentées comme les ouvrages suivants :

- *Le livre de l'apprenti sorcier, un guide du monde magique d'Harry Potter,* d'Allan et Elizabeh Kronzek[19].
- *Le livre d'école des Apprenties Sorcières,* de Katherine Quenot[20].
- *Le Livre secret des Sorcières,* de Katherine Quenot[21].
- *Le Grimoire des sortilèges à l'usage des jeunes sorciers,* de Béatrice Phillpops[22].

Ces livres sont une adaptation de la *Satanik bible* pour les enfants de huit à douze ans !! Dans ces différents volumes très richement illustrés pour la plupart, nous y découvrons quantité de définitions et explications sur les maléfices, les pentacles ainsi que diverses chroniques sur le sataniste Aleister Crowley. On y observe des dizaines de des-

19- Éd. l'Archipel, Paris, 2004.
20- Nlle Éd, Albin Michel, Paris 2004.
21- Idem, 2000.
22- Éd. Glénat, Paris, 2003.

criptions très scrupuleuses de rites d'envoûtement, de *Succubes* et d'*Incubes* et autres rites propres à la sorcellerie traditionnelle... Les vieux grimoires et les livres de magie les plus dangereux sont désormais accessibles à tous en diverses publications très largement diffusées depuis le début des années deux mille.

Dans le même registre, de nombreux jeux de cartes traduisent les mêmes procédures rituelles. Ce sont, pour les plus connus, les cartes *Magic*, les *Yu-Gi-Ho*, des centaines de cartes à jouer sur la magie et différents sortilèges de magie noire, les jeux *Intervention Divine Starter*[23] et la variante *Intervention Divine Booster*.

Ces jeux de cartes sont une sorte de simplification des Jeux de Rôles dont nous reparlerons plus bas. Les parties jouées consistent à jeter des sorts contre différents adversaires. Les cartes figurent des démons, des mages, des succubes, mais aussi des prêtres (...) des cimetières ou encore des tombeaux profanés etc.

À propos de cimetières ou de catacombes..., certaines publications spécialisées, comme la revue Gothic «Elegy»[24], font également l'apologie de ces édifices religieux comme autant de «points rencontres» pour les *gothiques* en particulier[25] (Voir infra

---

23- Production d'*Alloween Concept*, Éd. Asmodée, Paris, 2003.

24- Aujourd'hui épuisée.

25- Cf. par exemple les revues *Metallian* ou *Elegy* et la très récente publication sur les *Goths - petit précis d'ethnologie urbaine*», Éd. K-ïnite, The Crobard, Paris, 2004.

«le Mouvement Gothic»). Il n'est donc pas étonnant que tant de cimetières soient visités ces dernières années, de jours comme de nuit, avec les débordements régulièrement rapportés par le Presse.

Jeux de Rôles

Les Jeux de Rôles classiques ou virtuels pour les plus récents, se dénombrent par centaines. La majorité d'entre eux se déroulent sous la forme de dialogues le plus souvent accompagnés de reparties plus ou moins théâtrales. Le joueur interprète un personnage précis lors d'une aventure animée par un *Meneur de jeu* qui dispose et dirige l'ensemble des Rôlistes (nom donné aux acteurs de Jeux de Rôles). Chacun des membres du cercle interprète son propre rôle indépendamment de toutes normes sociales, morales ou religieuses. Le déroulement logique d'une aventure type s'effectue plusieurs heures durant, plusieurs jours ou même plusieurs semaines. La plupart des agressions, réactions et stratégies organisées sont fréquemment des *attaques magiques* ou des malédictions. Nous pourrions évoquer parmi les plus connus :

Dungeons & Dragons[26]
Bloodlust[27]
Nobilis[28]

Gurps Vampires[29]
Atlantys[30]
In Nomine Satanis – Magna Veritas[31]
Kult[32]
Nephilim : Révélation[33]
L'appel de Cthulu...

À force de séances ludiques répétées, un certain désordre psychologique peut advenir chez les *joueurs* et correspondre à un véritable phénomène d'addiction ou de conditionnement mental exacerbé. Comme il existe une accoutumance à la drogue appelée dépendance ou toxicodépendance, il existe ainsi une tendance addictive avérée chez les joueurs. Dans ce cadre, l'addiction peut aboutir à une confusion d'ordre psychopathologique qui peut frapper d'une manière irréversible un individu égaré entre «réel et virtuel» dans un monde totalement imaginaire.

Agnès Lisoprawski, psychiatre pour enfants et adolescents à Paris, de concert avec plusieurs autres spécialistes français[34], japonais et américains étudie et traite ces nouvelles pathologies[35]. Elle établit un diagnostic préoccupant à l'adresse

---

26- Version américaine due à Gary Gygax, inventeur des Jeux de Rôles modernes.
27- Éd. Asmodée.
28- Éd. 2 Dés sans faces, Nightprocoler.
29- Éd. Asmodée et W.W. Publishing.
30- Éd. Sans peur et sans reproche.
31- Éd. Asmodée
32- Ludis International
33- Multisim Éd.

de ces mêmes jeunes, «des enfants aux repères un peu flous, isolés, qui peuvent considérer (ces jeux) comme leur seul référent et leur seul ami. Dans ce cas de figure, les Jeux de Rôles, à l'instar des jeux vidéo (dont nous parlerons ci-après), peuvent devenir vecteurs de délires schizophréniques. Certains deviennent comme ces enfants japonais dont leur console de jeu constitue leur seule famille : ils n'ont plus à savoir ce qu'ils sont en réalité, leur réalité familière devient leur réalité tout entière[36]».

De nos jours, ces jeux dépassent de plus en plus souvent les seuls cadres amicaux et intimistes et prennent des allures beaucoup plus organisées en prenant la forme de ce que l'on appelle désormais des «Jeux de Rôles Grandeur Nature». Nous en reparlerons ci-après.

Sous prétexte de jouer une aventure épique, les jeunes incarnent différents personnages qui, le plus souvent, n'ont pour seul but que d'anéantir, par tous les moyens (en particulier magiques et sataniques) l'ensemble de leurs partenaires, de leurs adversaires.

34- En particulier Marc Valleur (psychiatre, médecin chef à l'hôpital Marmottan, membre de la Commission des stupéfiants et psychotropes et du Collège scientifique de l'Observatoire français des drogues et toxicomanies) et Jean-Claude Matysiak, psychiatre et chef de service de la consultation d'addictologie du centre hospitalier de Villeneuve-Saint-Georges.
35- Cf. Kaoru Takamura et Masaaki Noda, *La société japonaise et le psychopathe*, Cahiers du Japon, Paris, 1998.
36- Entretiens in Le Figaro n° 17 111, mercredi 18 août 1999, p 7.

Lorsque des forgerons façonnent des armes, des cuirasses et des armures pour des reconstitutions de faits d'armes médiévaux et des batailles rangées, cela demeure dans un cadre culturel et ludique, mais quand des groupes d'adolescents se griment en «gothique» — nous y ferons référence plus loin — et se réunissent la nuit dans des cimetières chrétiens, juifs ou musulmans comme cela se produit de plus en plus fréquemment, le jeu se métamorphose alors en profanation.

Des rapports psychiatriques expliquent schématiquement ces excès par l'existence de conflits entre les pulsions mortifères et la libido.

Ces troubles touchent plus particulièrement les adolescents dont la physiologie est ambivalente à cette période de la puberté. Toutefois, nous croyons néanmoins que la psychologie, voire la métapsychologie ne sont pas des éléments d'explication suffisants. En effet, si les crises d'adolescences sont aussi anciennes que l'humanité — Platon (quatrième siècle avant J.-C.) et Cicéron (premier siècle avant J.-C.), l'avaient déjà noté — les statistiques nous prouvent que ce phénomène de profanation est un phénomène relativement récent et ne peut se comparer à ce que les jeunes ont toujours perpétré comme «provocation» depuis la nuit des temps. Finalement, l'histoire et la psychanalyse n'expliquent pas tout.

Les jeux vidéos

Les jeux du cirque sous l'Antiquité, les tournois chevaleresques du Moyen-Âge comme d'ailleurs aujourd'hui les grandes compétitions sportives exaltent la qualité des acteurs mais aussi le caractère enthousiaste des spectateurs dont la présence indispensable entraîne toujours de nouvelles créations et performances.

«Je vois !» *VIDEO* ! «je vois des gladiateurs ! je vois des courses de char et les jeux du cirque ! je vois des athlètes !»

De nos jours, si le thème *VIDEO* reste inchangé, le phénomène ludique, quant à lui, s'est considérablement transformé au regard des combats d'antan ! Les jeux vidéo actuels ne sont plus seulement *VIDEO* mais aussi... *je ressens ! je respire ! je combats !* et plus encore *je torture !* et même *je peux tuer en toute impunité !* Aujourd'hui, par le biais des *consoles*[37] je peux incarner littéralement *Gladiator, Terminator* ou autres héros modernes propres à la science-fiction.

Le joueur, seul avec lui-même, est à la fois acteur et spectateur, metteur en scène et partie prenante, c'est la caractéristique première du jeu vidéo.

Le marché des jeux vidéo connaît de nos jours

37- «Console» : mot d'origine latine signifie littéralement «être seul avec quelqu'un.»

une véritable explosion avec les *Play Stations 1* et 2 (et bientôt 3), *XBox* et autres *Nintendo Cube* pour les plus jeunes enfants.

Les jeux vidéo sont **interactifs**, et précisément, l'essentiel réside dans *l'actif – l'action – l'activité* réciproque du joueur et du jeu ce qui explique l'engouement qu'ils suscitent. Dans ce domaine, nous pourrions faire allusion à un article très pertinent d'un philosophe cybernéticien, *Jean-Louis Weissberg*, qui explique l'origine des jeux vidéo modernes à partir des simulateurs de vol de l'armée de l'air.

«Dans les postes de pilotage des avions de chasse... le pilote voit sur l'écran les images simulées du terrain qu'il survole. Qu'il fasse nuit noire, un soleil aveuglant ou qu'il y ait du brouillard, le pilote verra une image claire et précise du territoire. En incrustation sur l'écran et défilant selon son vol réel seront proposées d'autres informations : sa trajectoire, les batteries de missiles adverses à éviter, les objectifs à atteindre... toutes choses qui ne relèvent évidemment pas de la vision d'un terrain... Ici, le «binôme» réel/virtuel prend son envol, au sens propre du terme, puisque le paysage simulé est réellement survolé, des capteurs de position situant en effet l'avion dans l'espace afin que la concordance réel/virtuel soit parfaite. Le territoire alimente, comme «émetteur», sa propre simulation. **Le virtuel** ne remplace pas à proprement parler le réel ; **il en devient une forme**

de perception, dans un mixte où les deux entités sont simultanément requises...»[38].

Ces dernières années, plus spécialement depuis l'apparition des consoles vidéo *Sony PS2*, la résolution des images et des paysages et surtout la définition des jeux scéniques et les mouvements des personnages s'approchent toujours plus de la réalité. Les très prochaines générations de consoles quant à elles atteindront la «qualité cinéma». En termes de *définition d'image*, cela se traduit actuellement non plus en *Mega* mais en *Giga bit*, ce qui est considérable du seul point de vue qualitatif.

La plupart des intéressés, les *gamers* (nom donné aux joueurs de jeux vidéo), sont susceptibles de jouer — en fait le plus souvent de nuit — quelque deux à quatre heures sans discontinuer. De nombreux témoignages d'adolescents relatent que les séances de cinq à six heures et plus..., deviennent progressivement la norme de nos jours !

En 1996, nous comptions déjà sept millions de Français travaillant sur un ordinateur. À la même époque il y avait aussi sept millions de consoles de jeux entre les mains des enfants ![39] (Nous ne comptabilisons pas les jeux sur ordinateurs PC) Aujourd'hui — en 2005 — Ces chiffres concernent

37- Jean-Louis WEISSBERG, art. *Le concept réel/virtuel* ; introduction aux chemins du virtuel, Éd. du Centre Georges Pompidou, Paris, 1989 et *Téléprésence*, art. Press, n° spécial *Nouvelles technologies, mort sans modèle ?* n° 12, 1991.
38- Cf. Étude statistique in Laurent TRÉMEL "Jeux de Rôles, jeux vidéo, multimédia", PUF, Paris 2001, pp. 36 et suivantes.

au moins le tiers de la population française. Les phénomènes d'addiction concernant les Jeux de Rôles sont nettement plus marqués par le caractère virtuel et la diffusion massive de jeux vidéo.

PriceWaterhouseCooper prévoit une croissance annuelle de 16,5 % pour un marché qui devrait alors atteindre 55 milliards de dollars de recettes en 2009.

Le marché le plus prolifique sera celui de la région Asie-Pacifique, avec 23 milliards de dollars de recettes (en 2009), et une croissance annuelle de 18 %. Suivent ensuite les États-Unis avec 15,1 milliards de recettes prévues, puis l'Europe avec 14,3 milliards de recettes.

L'Europe est bonne dernière en terme de recettes, mais la région promet la plus forte croissance du marché, de 19,1 % chaque année, contre 12,9 % pour les USA.

Dans leurs calculs optimistes, les experts comptent sur le renouvellement des consoles de jeux, particulièrement des consoles portables. Autre facteur de croissance, la diffusion des connexions haut débit qui pourra favoriser le jeu en ligne, et donc les abonnements payants.[39]

39- L'écart est important entre les nouvelles générations de consoles. Ainsi, les deux consoles Playstation dominent nettement le marché équipant 30 % des foyers de joueurs en Playstation 2 et 26 % en Playstation. Environ un tiers de ces foyers possède ces deux consoles. playstation 2 reste donc leader et distance de loin ses concurrents : Game Cube (8 %) et Xbox (7 %). Le marché des consoles portables équipe une grande part des joueurs : près d'un quart d'entre eux possèdent une console de la gamme Game Boy.

Prenons un exemple parmi les plus vendus à l'heure actuelle avec le jeu *Manhunt*, littéralement «Chasse à l'homme» : Le personnage, un condamné à mort échappant de justesse à la chaise électrique, doit tuer, nous devrions dire massacrer, des centaines d'ennemis avec ses poings, mais aussi étouffer ses adversaires avec des poches plastiques, il peut également égorger avec des tessons de bouteilles... Les dernières parties de jeux sont quant à elles réglées avec une tronçonneuse suivant un réalisme saisissant ! Certains critiques pourraient d'ailleurs objecter le peu d'originalité, voire la banalité du scénario très proche des intrigues de nombreux films violents ou d'horreurs actuels, à la différence près que *Manhunt* n'est pas un film, mais bel et bien une histoire interactive dans laquelle **JE SUIS** directement impliqué en tant que joueur.

Lorsque le «personnage» se déchaîne sur un adversaire, en réalité, **C'EST MOI-MÊME** qui me projette littéralement dans la violence de l'action par l'intermédiaire du logiciel de jeu et du *Joystick* directement adaptés des simulateurs de vol dont nous parlions précédemment.

Dans le cas présent il ne s'agit plus de simuler le survol d'un territoire ennemi mais il faut constamment jumeler ses propres pulsions de violence, de haine etc. avec la «chasse à l'homme», sachant que l'homme en question, **C'EST MOI !** Autrement dit, le joueur ne joue plus, mais procède à une quantité incalculable de carnages.

Lorsque j'assène un coup-de-poing ou une autre percussion, simultanément, le *joystick* vibre dans mes propres mains, me donnant alors la sensation physique puis psychologique d'un véritable coup-de-poing asséné... mimétisme qui s'amplifie au fur et à mesure des parties jouées à travers des sentiments de peur ou de vengeance totalement exacerbés.

Ce jeu est interdit aux moins de 18 ans, mais ce barème est purement formel à travers les simples principes de reventes, de prêts ou de trocs pouvant toucher jusqu'aux 10 – 12 ans pour ne pas dire moins encore. Ces phénomènes aujourd'hui prennent une telle importance que le corps médical, en particulier psychiatrique, s'organise de plus en plus en faveur des jeunes que l'on pourrait considérer non comme des toxico-dépendants mais des «addicto-dépendants». Au demeurant, la question devient si préoccupante que la législation impose aux concepteurs de jeux vidéos de publier sur les jaquettes l'essentiel des risques encourus sur la physiologie et le comportement :

«En cours d'utilisation, faites des pauses d'environ quinze minutes toutes les heures. Évitez de jouer si vous êtes fatigué ou si vous manquez de sommeil. Assurez-vous que vous jouez dans une pièce bien éclairée et à bonne distance de votre écran de télévision...

Certaines personnes sont susceptibles de faire des crises d'épilepsie lorsqu'elles sont exposées à diverses stimulations lumineuses...

Même si vous n'avez jamais été sujet à des crises d'épilepsie, vous pouvez être épileptique sans le savoir... consultez (en particulier) votre médecin... si vous présentez l'un des symptômes suivants lorsque vous jouez : vertige, troubles de la vision, contraction musculaire, mouvement involontaire, troubles de l'orientation, perte momentanée de conscience ou convulsion...»[40].

Les phénomènes d'addictions conséquents à une pratique excessive des jeux vidéos sont de trois types :

Le premier correspond au ***mimicry*** et traduit le «mimétisme» que le joueur peut vivre et éprouver à travers les aventures courantes des jeux de rôles et vidéos. Il n'est pas rare en effet que les parties de jeux se «poursuivent» au-delà des séances à proprement parler jusqu'aux bancs des lycées et finalement nuit et jour suivant ce principe mimétique qui s'apparente à une sorte d'accoutumance psychologique. Les joueurs projettent alors inconsciemment — par *mimicry* — les aventures de leurs héros par exemple sur le corps enseignant, les parents, et plus simplement encore les passants et les scènes les plus banales de la rue au point de vivre de façon quasi ininterrompue une véritable reconstruction virtuelle du quotidien. De nombreux actes de violences, ceux-là bien réels, perpétrés par des adolescents s'expliquent partiellement à cause de ces phénomènes.

40- Fragment des textes publiés dans chacune des jaquettes de jeux vidéo.

En partie liée avec cette première tendance, apparaît aussi l'***agôn*** — phénomènes d'agressivité — terme grec que l'on retrouve par exemple dans le terme «agonie». L'*agôn* est lié au «jeu de combat» et ses caractéristiques rappellent certaines conséquences liées à des programmations très spécifiques d'entraînements militaires.

Des jeunes d'un naturel plutôt calme et placide sont par exemple susceptibles de devenir habituellement agressifs jusqu'au passage à l'acte.

Enfin l'***ilinx*** — phénomènes de vertige — correspond à l'addiction propre aux «jeux de vertige» ou de «sensation pure», sachant que ces trois tendances addictives — *mimicry, agôn* et *ilinx* — sont susceptibles d'interférer les unes avec les autres à travers de multiples nuances.[41]

De plus en plus d'hôpitaux psychiatriques traitent des adolescents victimes de ces différents phénomènes qui peuvent concerner également les très jeunes joueurs habitués des *game boys*.

Nous avons cité *Manhunt* — pour sa violence — mais nous devrions faire référence à des jeux comme *Obscur* et surtout *GTA San Andreas*, le plus vendu des jeux de ces dernières années.

41- Cf. Excellente étude de Roger Caillois, *L'homme et les jeux, le masque et le vertige*. Éd. Gallimard, Paris, 1967, pp. 44-75. Avec *mimicry*, l'*agôn* et l'*ilinx*, il faudrait également rajouter l'alea, qui vient du concept «aléatoire».

Cyber-Espace

Dans les plus grandes villes d'Europe, et bien sûr en Amérique du Nord ou au Japon, les jeunes se réunissent en de gigantesques espaces de jeux électroniques — des *Séga-Room* en Angleterre — et jouent des heures durant à ces Jeux de Rôles virtuels.

Ces très modernes «*Cyber-Espace-de-Jeux*» pour enfants et adolescents se transforment ainsi en de véritables cours de récréations ou plus exactement en «champs de tir». Le jeu consiste à tuer, anéantir, et abattre d'innombrables adversaires en trois dimensions — des silhouettes holographiques — ennemis toujours plus saisissants de réalisme au point de ressembler à de véritables hominidés au fur et à mesure des versions améliorées !

Les décors et l'environnement de ces jeux sont de plus en plus réalistes et précis.

Les peintres et illustrateurs sont toujours plus nombreux pour sculpter d'innombrables autels, temples et sanctuaires virtuels à la suite de ceux dessinés par *Philippe Druillet* dans les aventures de *Lone Sloane.*

«Une illustration marquante : la Palme d'or Elephant»

L'une des illustrations les plus marquantes de ces nouvelles pratiques de jeux est certainement le film *Elephant* de *Gus Van Sant*, Palme d'or du festival de Cannes 2003. Deux jeunes adolescents ordinaires, sans «haine ni violence» et surtout sans mobile apparent, tuent froidement des étudiants ordinaires dans un campus nord-américain.

La cité universitaire se transforme en quelques minutes en un véritable champ de bataille. Les deux héros du film, passionnés de jeux vidéo, provoquent pour ainsi dire une «expérience hors limite». Cette expérience est ni plus ni moins une mise en scène, une métamorphose de la mort qui progressivement s'élargit de la sphère virtuelle au monde réel.

C'est une sorte de passage à l'acte graduel comme si le film était d'abord un «simulateur», un *training* qui culmine dans un carnage mûrement réfléchi par ses auteurs. La violence exprimée est une violence atypique, dirions-nous, une violence au second degré, glaciale et implacable et qui prouve, à sa façon, la tyrannie du virtuel sur le réel : l'illusion devient plus forte que l'expérience de la réalité ! C'est la mort qui l'emporte ! Palme d'or !

De nouvelles démarches initiatiques

Si les jeunes, de nos sociétés, repoussent de plus en plus loin leurs expériences que l'on qualifiait autrefois «d'expériences initiatiques» ou «totémisations» et que nous retrouvons par exemple encore de nos jours en Afrique noire à travers des scarifications rituelles, tatouages et autres «expériences de douleurs», ces mêmes «initiations» n'ont plus du tout la même portée emblématique et éducative. En Afrique, le village se réunit en cercle et organise ces «Jeux initiatiques» sous l'œil des anciens et des parents afin de susciter et de transmettre une certaine sagesse et une sorte de maturité guerrière à ceux qui deviendront à leur tour les hommes et les femmes de clans dans les décennies suivantes.

Les «Jeux de Rôles Grandeur Nature», s'ils relèvent des mêmes principes initiatiques ne peuvent cependant pas être comparés dans leurs effets. Autant certaines tribus d'Afrique perpétuent quantité de traditions initiatiques dans un contexte ponctué de tabous et d'interdits, autant bon nombres de «Rôlistes» et de «Goths» transgressent ces mêmes limites — et c'est toujours de nuit — en contradiction et en opposition systématique avec la famille et la société civile, sans compter le caractère de profanation de leurs propres expériences.

Il est vrai que les reportages télévisuels sur les conflits armés, sur le terrorisme et les kamikazes — les «bombes humaines» — ont tendance à se généraliser sur les chaînes d'informations les plus courantes. Cette violence, elle aussi, n'est pas nouvelle, quoique nous arrivions à des extrémités jamais atteintes quand des jeunes filles, par exemple, se sacrifient volontairement au cœur d'un attentat meurtrier. Or les adolescents sont également très «sensibles» à ce «spectacle» du monde, spectacle retransmis et relayé aujourd'hui presque en temps réel et sans pratiquement aucune censure.

Et, de fait, ce contexte de violence est également retranscrit dans de nombreux Jeux de Rôles *Gore* et *Vampire*. Quantité de musiciens de genre *Gothic* ou *Dark Wave* et bien sûr à tendance *Metal*, propagent leurs œuvres discographiques conjointement à des photos-montages ou des enluminures qui finalement peuvent aussi être interprétées comme autant d'écho à cette violence qui caractérise notre propre monde, y compris notre environnement médiatique. Nous ne comptons plus les innombrables «jaquettes de *CD*», coffrets de Jeux de Rôles et affiches de concerts qui précisément exhibent cette violence avec moult détails sanguinaires et morbides.

Vêtements gothiques

Dans la plupart des villes de moyennes ou de grandes importances, les jeunes arborent volontiers les Tee-*Shirts* ou *Sweats* comme ceux ci-dessous[42]. Les groupes sont exprimés en lettres capitales. Nous en avons sélectionné une vingtaine d'entre eux en vente libre.

• *ACHERON*	*Vampires exist*
• *ANGEL CORPSE*	*Christhammer*
• *CHRISTIAN DEATH*	*Born again Anti Christ*
	Fucking with tour 2000
• *CRADLE OF FILTH*	*Exhibit 666*
	God Bless
• *DARK FUNERAL*	*Vobiscum Satanas*
• *DAS ICH*	*Ich bin der AntiChrist*
• *DEICIDE*	*Cross*
• *EMPEROR*	*Lucifer*
• *GODGORY*	*Resurrection*
• *MARDUK*	*Fuck me Jesus*
	Christ Raping et Beasts...
• *MARILYN MANSON*	*Antichrist superstar*
• *MAYHEM*	*De Mysteriis dom Sathanas*
	Satanic Cross...
• *MORBID ANGEL*	*Altars of Madness*
	Angel of Disease...
• *NECROMANTIA,*	*Devilish Satanskin*
• *ROTTING CHRIST*	*Married with the divine war*
• *VENOM*	*Jesus Fuck You*
	At War With Satan...

42- Ces articles coûtent en moyenne de 15 à 35 € — année 2004. Des catalogues de ventes par correspondance grand public commencent à faire la promotion d'articles *gothiques*.

Dessinateurs, scénaristes, vidéos, DVD...

Depuis quelques années déjà, mais surtout depuis les années deux mille, de nombreuses bandes dessinées versent littéralement dans une véritable haine du christianisme. Les quelques albums suivants dénaturent ou parodient littéralement le mystère de la Rédemption du Christ et le sens courant des Saintes Écritures :

• *Jésus Revient*, suivi de *Sacré Jésus*
Tronchet, Éd. Delcourt, 1997.

• *La Folle du Sacré-Cœur* (3 tomes)
Jodorowsky/Mœbius, Éd. Les Humanoïdes Associés, 1995-1998.

• *Le Scorpion, La Croix de Pierre, Le Secret du Pape, La vérité est en marche, Le Démon au Vatican,*
S. Desberg & E. Marini, Éd. Dargaud, 2002-2003.

• *Belzarek – Au nom du Père & la Messagère de l'Enfer,*
Gustavo Schimpp et Horacio Lalia, Éd. Albin Michel, 2000.

• *La collection "La loge Noire"*
Éd. Glénat, dont les séries suivantes :

- *Tanatha – Acte 1, 2 et 3*
P. Cothias & D. Hé, 1995.

- 666 — *Ante Demonium, Allegro Demonio & Demonio fortissimo...* (six tomes)
Froideval & Tacito, 1997-2000.

- *Le Troisième Testament* (quatre tomes),
X. Dorison & A. Alice, 1997-2003.

- *Le Triangle Secret* (neuf tomes, dont *INRI*, et deux en préparation)
Didier Convard, D. Falque, G. Chaillet, C. Gine,

À titre d'illustration, cette dernière série que l'on peut se procurer chez pratiquement tous les libraires des pays francophones (plus de cinq cent mille exemplaires vendus), les auteurs font l'apologie d'une Loge — *La Loge Première*, prétendument fondée par Jésus lui-même — qui détiendrait un cinquième évangile contredisant l'ensemble des textes du Nouveau testament.

En substance et au fur et à mesure des quelques trois cents premières pages de cette publication, le lecteur découvre le personnage de Jésus — appelé l'Imposteur — et qui «sacrifie» son frère Thomas sous la complicité de l'Apôtre Jean et de Nicodème. Le Vatican est accusé de dissimuler cette version historique des faits depuis l'avènement de Pierre sur le trône papal et le lecteur découvre — dans un style totalement révisionniste et négationniste — une relecture de la vie de l'Église Catholique depuis le temps des premiers chrétiens. Tout au long de l'aventure, la franc-maçonnerie paraît sauver une situation désespérée au cœur d'un complot qui met en cause les principaux Cardinaux de la Curie Romaine qui, finalement, commanditent l'empoisonnement d'un Pape du nom de *Jean XXIV*...

«Le Triangle Secret est une œuvre de fiction bâtie sur l'interprétation de quelques faits historiques qui m'ont influencé. Le Triangle Secret n'est qu'un récit romanesque, et je prie le lecteur de ne l'aborder qu'en tant que tel».

Didier Convard

Malgré les précautions d'usage (*œuvre de fiction*) pour se prémunir contre un éventuel procès en diffamation, l'auteur présente bien ses livres comme «l'interprétation de quelques faits historiques». Toutefois, comment les lecteurs, pour la plupart des adolescents, pourraient discerner l'imposture historique que l'auteur cache sous un habile habillage des références à quelques faits réels ?

Ce genre de procédé très employé dans l'édition se retrouve par exemple dans les préliminaires du *Da Vinci Code* de Dan Brown et dans lesquelles la fiction et la réalité historique sont savamment agencées les uns par rapport aux autres tout au long du scénario.

Pour reparler du *Triangle Secret*, les auteurs, prennent bien sûr le soin de nous avertir des libertés du scénario au regard de la «version originale» des quatre Évangiles. Ils procèdent comme bon nombre d'émissions télévisuelles qui avertissent les auditeurs du caractère «facétieux» et «décalé» de leurs productions. Pour seuls exemples, nous pourrions citer, les deux épisodes suivants :

• L'émission télévisuelle «*On a tout essayé !*» sur France 2 (avril 2001) présentée par Laurent Ruquier. Filmé en «caméra cachée», l'un des plus proches collaborateurs de Ruquier, devant des centaines de fidèles en pèlerinage à Lourdes ignorant tout de la supercherie, simule sa propre guérison en se levant «miraculeusement» d'une chaise roulante sur le parvis de la Grotte.

La confusion fut totale pour la foule et les brancardiers qui se sont mis à prier avec ferveur pour cette «nouvelle guérison».

• Une autre émission «*Juste pour rire*», toujours sur France 2, le samedi 20 septembre 2003 à 20H55, séance une nouvelle fois animée par Laurent Ruquier. Au cours de la retransmission, des comédiens exhibent leur nudité en proclamant haut et fort devant une foule hilare : «Ceci est mon corps livré pour vous !».

Suivant le même ordre d'idées, quantité de chanteurs éditent de plus en plus fréquemment d'innombrables *vidéo-clips* ou de compilations sur *DVD* qui accompagnent leurs productions musicales en *CD* sur *MTV, M6* et de nombreuses autres chaînes câblées ou satellites. Les paroles et les images accentuent le phénomène de désacralisation. Nous pouvons citer à titre d'exemples :

• *Marilyn Manson : Guns, Gods & Government.*
• *Cradle of Filth : Pandæmonæon.*

- *Cannibal Corpse : Ultimate Edition.*
- *Rotting Christ : In domine satanas.*
- *Dio : Evil or divine.*
- *Dimmu Borgir/Dissection : Live and clips.*[43]

Rave-Party[44]

Les Rave Parties encore appelées Free Parties, sont apparues d'abord en Angleterre dans les années 86-87, puis aux États Unis et en Europe. Une Rave s'organise généralement à ciel ouvert et dans des sites le plus isolé possible comme d'anciennes bases militaires désaffectées. Une sono très puissante — entre dix et vingt mille watts — montée à demeure sur un camion et suivie d'un groupe électrogène est nécessaire et suffisante pour organiser ces rencontres. En augmentation croissante, ces rassemblements sont devenus gigantesques et peuvent regrouper aujourd'hui des centaines de milliers de jeunes, adolescents pour beaucoup d'entre eux.

C'est la ville de Berlin qui fut à l'origine de ces *Rave* au début des années quatre-vingt-dix. Nous

---

43- Pour des exemples précis, Cf. La première partie du livre «*Culture Barock*», op. cité.

44- Verbe anglais *To rave*, qui signifie «*divaguer, être en délire*».

nous souvenons de la *Love Parade* berlinoise de l'an deux mille qui réunit près d'un million trois cent mille *dancers*. En français, les participants se dénomment «*teufers*», c'est-à-dire «*fêtards*», ceux qui fréquentent les *Raves* ou *Free Parties*.

FESTIVALS ET GROUPEMENTS INFORMELS

Ces festivals annuels **nationaux** ont suscité d'autres initiatives. Pour les seules années 2003-2005 nous voudrions seulement noter :

En Allemagne

- Le 23 mai : 60 000 *ravers* à Munich.
- Le 30 mai : de 120 000 à 300 000 à Hambourg
- Le 22 août : 200 000 à Hanovre (pour l'année 2003).

En Suisse également

- En août 2003 : 700 000 personnes à Zurich.

En France

- Les *technoparades* accueillent en moyenne chaque année entre 300 000 et 800 000 personnes à Paris, au cours du mois de septembre.

Il faudrait aussi faire allusion, toujours au cœur du mois d'août, aux *Raves* et festivals *underground* annuels qui se déroulent au sein d'une centrale nucléaire désaffectée en Crimée où près de quinze mille jeunes ukrainiens dansent et *ravent* ensemble ou encore les *ravers* qui se rencontrent au Nord de la Bohême, à Czechtek...

Sur un plan **régional**, nous pourrions également évoquer :

• Les *Technivals* de Marigny, dans la Marne, en moyenne chaque année près de 40 000 jeunes.
• Les 06-07 décembre 2002, sur la Commune de Marcillé-Raoul près de Rennes, dans le sillage des *Transmusicales*, près de 30 000 jeunes.
• Les 15-16 août 2002 à Argentera, dans les Alpes italiennes, une *Rave* «Goatrance» (sur fond musical oriental) réunit plus de 30 000 jeunes.
• Le 15 août 2003, le rassemblement du Larzac, en rase campagne, près de 45 000 jeunes.
• Le 28 août 2005 à Crucey en Eure et Loir, le *technival* rassemble près de 45 000 *ravers*, sur une ancienne base de l'OTAN.

Au niveau **local** enfin, on ne peut dénombrer les rencontres plus ou moins informelles qui réunissent ces mêmes adolescents lors de *Free Parties* et bien sûr — dans un autre registre — les soirées *metal* ou *gothic*, constituées de quelques dizaines à plusieurs centaines d'individus. Elles se déroulent par exemple :

- dans les sous-sols des Communes de la Celle Saint-Cloud, à Bougival ou encore à Saint-Germain en Laye, au cœur d'anciennes carrières de gypses ou de calcaires.

- dans quantité de pubs ou de salles de spectacles situés au cœur de cités de moyennes et grandes importances telles que :

- Brest, au bar *Gothic Family* ;
- Lille, au *Golden Wave* et à *l'Étrange*
- Montpellier à la *Tragedia dell'Arte*
- Nantes, au Pub le *Manhattan* (soirées Goth, Rock ou Indus)
- Paris, au *Kata Bar, Black Dog* (Metal), *Les Caves Saint Sabin* (soirées Electro Indus, Rock et Gothic).

Des expériences de transe à très grande échelle.

Lors de ces rencontres informelles (*Free*) ou «surveillées» (*Rave*) par les pouvoirs publics, des milliers de jeunes parviennent à faire des expériences individuelles ou collectives de transe au moyen de la combinaison de quelques procédés artificiels et induits.

En effet, plusieurs facteurs combinés — tels que la rythmique très particulière de la *Techno*, des degrés sonores élevés (de cent à cent vingt décibels), et surtout l'usage de stupéfiants très facilement acquis pour des sommes oscillant de dix à trente euros la «dose» — favorisent l'effet de transe. La plupart des drogues utilisées en ces milieux sont le plus souvent le *cannabis* (et ses dérivés), le *crack* et surtout l'*ecstasy*.

L'*ecstasy*, dont l'abréviation chimique correspond au sigle *MDMA* traduit la formule de synthèse : **M***éthylène* — **D***ioxy* — **M***étha* — **A***mphétamine*.

Cette substance de synthèse fut inventée par le groupe allemand pharmaceutique *Merck* à des fins anorexigènes (synonyme de *coupe-faim*).

L'*ecstasy*, pour le dire très brièvement, est essentiellement stimulante et euphorisante. Mais plusieurs effets secondaires peuvent être dangereux, suite à son ingestion par tel ou tel danseur l'exposant alors à une déshydratation aiguë pouvant entraîner un sérieux échauffement du corps jusqu'à provoquer un malaise cardiaque (collapsus cardio-vasculaire). À des doses plus élevées, l'*ecstasy* peut entraîner des hallucinations, des sentiments de panique jusqu'à des symptômes de schizophrénie.[45]

Des études exhaustives ont été réalisées sur ces différentes conséquences, en particulier par les Allemands et les Suisses.

Chaque année, pour les seuls pays France, Angleterre, Allemagne, Espagne, Portugal et Italie, plus de trois millions de doses d'ecstasy sont saisies. Or les pouvoirs publics, par le biais d'Interpol et surtout de la très performante *DEA* (*Drug Enforcement Agency*, organisme Nord américain) font correspondre ces différentes saisies à dix pour cent des produits en circulation dans les milieux de «drogues disco».

Le phénomène d'accoutumance et la toxicologie de ce produit de synthèse concernent aujourd'hui

---

45- Cf. En particulier les différentes études de Gabriel NAHAS.

près d'un million à trois millions de jeunes et adolescents dans chacun des plus grands pays européens déjà cités.

Le mouvement Gothic

Dans un autre registre, le mouvement *Gothic* appartient à une véritable culture alternative ou *underground.*

À l'origine, le genre gothique est relatif aux peuples venus de Scandinavie qui investirent l'Europe des premiers siècles de l'ère chrétienne. On parlait alors des *Ostrogoths* et des *Wisigoths.*

Le gothique correspond ensuite au style architectural qui peu à peu supplante l'art roman. Il est intéressant de noter que l'écriture gothique à caractères droits, à angles et à crochets remplaça vers le XIIème siècle l'écriture romane. De nos jours, cette calligraphie est omniprésente dans le milieu *Gothic.*

Le mouvement *Gothic* actuel tire une grande partie de ses influences de l'écrivain allemand Gœthe avec son roman *Faust* puis du «romantisme noir» qui apparut plus tard à l'époque victorienne en particulier à travers un genre littéraire caractérisé par une écriture de l'excès, de la décadence et privilégiant les atmosphères sombres et morbides :

Les grandes références du *Gothic* sont les américains *Edgard Poe* (qui fut traduit par *Charles Baudelaire*), *H.-P. Lovecraft* (le père du *fantastique* avec *L'Appel de Cthulhu* (1928) et le *Necronomicon*).

C'est aussi le mouvement du symbolisme, les «poètes maudits» et le surréalisme de *Dali* et de *Buñuel*, sans omettre le dadaïsme d'*André Breton* auteur des *Champs magnétiques* (1919) et de l'*Art Magique* (1957).

L'émergence musicale du *Gothic* commence à l'époque du personnage anglais *Ziggy Stardust* créé par *David Bowie* (1972) ; c'est aussi le groupe *punk* des *Sex Pistols* (1976) et *The Cure* avec *Robert Smith* qui créa la tendance *New Wave* en 1978 à l'origine de la *Dark Wave* actuelle, autrement dit le *Gothic* qui s'inspire de ces différentes tendances.

Au-delà du fait musical, le mouvement *Gothic* se caractérise surtout dans le choix d'une tenue vestimentaire très sombre trouvant sa source de façon paradoxale, dans des références de science-fiction (lunettes de type *Matrix* et *trench-coats*, combinaisons de cuir et chaussures à clous), dans des inspirations moyenâgeuses et fantastiques (visages maquillés de blanc et de noir, ongles vernis en blanc et noir, piercing...) sans oublier les nombreux tee-shirts et sweats aux inscriptions morbides et sataniques ! (vêtements dont nous avons parlé plus haut).

À Paris, l'un des lieux de rassemblements des jeunes *Gothic* est le cimetière du Père Lachaise. Ces jeunes se recrutent de nos jours le plus souvent dans les milieux lycéens. Ils se reconnaissaient jusqu'alors dans un magazine bimestriel très documenté, la revue *Elegy* (musique & culture).

Le mouvement Metal

Le mouvement *Metal* quant à lui, est une variante du Rock traditionnel. L'une des principales caractéristiques de ce genre musical réside surtout dans les vociférations émises par les chanteurs. Les plus connus sont *Dimmu Borgir, Deicide, Cradle of Filth*... Pour un exposé sur le *Metal*, je renvoie le lecteur à mon étude sur la question.[46]

De nombreuses profanations

La caractéristique de ces mouvements culturels très présents chez les jeunes, correspond à une certaine complaisance dans des pratiques margi-

46- Cf. Le livre «*Culture Barock*», op. cité.

nales en rupture avec les repères sociaux communément admis.

Ainsi, depuis 1995, une multitude de profanations des lieux sacrés, des églises et des cimetières (musulmans, juifs et chrétiens) furent perpétrées en Europe et plus spécialement sur le territoire français. Voici quelques exemples pour les seules années deux mille et suivantes :

En avril-mai 2001, ce furent une trentaine d'églises, de chapelles et de cimetières profanées en Bretagne, plus spécialement dans le Finistère, les Côtes d'Armor et le Morbihan.

Le 27 mai 2001, profanation de la Collégiale de Poligny (Jura) par de jeunes satanistes.

Le 26 mars 2002, c'est une profanation de cimetière à caractère satanique à Egly près d'Arpajon dans l'Essonne.

Le 26 mars 2003, profanation du cimetière d'Etaples dans le Pas de Calais.

Le 08 septembre 2003, profanation du cimetière de Cadaujac près de Bordeaux.

Le 07 août 2003, saccage de l'église Évangélique d'Orly par de jeunes «Goths».

Le 26 août 2005, dans le cimetière de Clérieux dans la Drôme, quatre enfants saccagent quatre-vingt-huit tombes du cimetière communal.

Et nous ne sommes pas en mesure de dénombrer les nombreux tabernacles fracturés et profanés depuis ces dernières années, y compris en des territoires reculés comme l'Aveyron.

Nous remarquons que plusieurs auteurs de ces profanations revendiquent leur appartenance à des mouvements *Gothic, Metal* assimilés.

Une explosion de violences

Sur les vingt-cinq dernières années, nous pouvons constater dans les albums de BD, dans les CD et dans les Jeux de Rôle, une augmentation exponentielle de la violence (l'ultraviolence), de la magie noire et de l'occultisme etc. ; cette croissance peut s'expliquer en partie par deux raisons. La plus évidente est certainement celle motivée par la généralisation des réseaux de distribution dans le monde. La seconde est plus profonde et, accompagne un mécanisme propre aux passions humaines, (le «concupiscible») qui nous entraînent indéfiniment vers des expériences toujours plus marquantes et fortes. Si nous prenons l'exemple de films grand public, nous pourrions citer quatre longs métrages[47] qui illustrent notre propos, spécialement au travers de la violence.

47- Parmi de très nombreux autres films tout aussi violents, nous n'avons choisi que les plus connus parmi les jeunes que nous avons interrogés sur ce sujet.

Années 70 : *Orange Mécanique,* de Stanley Kubrick
Années 80 : *Alien,* de Ridley Scott
Années 90 : *Terminator II,* de James Cameron
Années 2000 : *Annibal,* encore de Ridley Scott

Nous assistons à une sorte de *montée en puissance* de la violence sous toutes ses formes : dans les intrigues et les paroles, les jeux de scènes et les truquages toujours plus performants, le nombre de morts (par minute), le caractère macabre et morbide et la trivialité des scènes évoquées... Nous constatons la même logique au sein du «satanisme culturel» : Dans les années 70 avec *Mick Jagger*, les années 80 avec le groupe anglais *Venom*, la décennie suivante avec quantité de groupes scandinaves, américains, français ou autres comme *Marduk, Bélial, Deicide, Morbid Angel, Elend...* et enfin de nos jours avec *Marilyn Manson.*

Cette explosion de violence se manifeste donc à un niveau global avec des expressions artistiques qui ne sont plus uniquement anglaises ou américaines, mais internationales avec des tournées dans plusieurs pays et des supports à diffusion mondiale dont Internet.

Ces expressions très sophistiquées constituent un véritable «surmoi» au sens psychanalytique du terme. Ce surmoi est constitué d'éléments virtuels, psychédéliques et paroxystiques mis en œuvre avec toujours plus de réalisme dans les Techno Parades officielles et les *Rave Parties* plus informelles. Ce surmoi de tous les extrêmes qui se manifeste dans les *Transes* individuelles héritées de danses Vaudou ou chamaniques peut devenir progressivement un surmoi collectif et uniforme chez de nombreux adolescents.

Dans les cas les plus extrêmes, lorsque les jeunes en particulier les adolescents adhèrent à ces différentes déviances culturelles, ils s'y identifient jusqu'à mettre en scène et accomplir de véritables massacres. La tragédie du 20 avril 1998 à Littleton près de Denver dans le Colorado (USA) constitue un cas exemplaire (si l'on peut dire). Deux adolescents, adeptes de *Dark Wave*, tuent à bout portant quinze jeunes élèves et se suppriment finalement au terme du carnage.

Ce drame a fait l'objet de deux films récents aux interprétations différentes :

Bowling for Columbine du réalisateur *Michael Moore*, (2002)

Et *Elephant* de *Gus Van Sant*, primé au festival de Cannes de 2003, dont nous avons déjà parlé plus haut.

Dans le premier long-métrage, *Michael Moore* procède de manière journalistique et reproduit l'intrigue du drame dans son ensemble. Le second en revanche est une relecture expurgée du drame et, en fait, ne rend pas compte de la réalité qui a un lien très étroit avec le mouvement *Gothic* et ses dérives extrêmes. Les deux jeunes tueurs, *Eric Harris* et

Dylan Klebold étaient en fait passionnés de musique *Dark Wave* et fréquentaient assidûment des sites Internet sur le *Heavy-Metal* et le nazisme.

En Afrique du Sud, nous déplorons chaque année, depuis l'an deux mille près d'une quinzaine de crimes commis par des satanistes recrutés surtout parmi des lycéens et des étudiants.

En Jordanie, les autorités ont saisi en 2001 plus de mille cassettes vidéos (et CD) faisant la promotion de la secte des «Adorateurs de Satan».

En Russie, le Ministère de l'Intérieur a créé début février 2003 un département chargé d'enquêtes sur l'activité des mouvements qui organisent fréquemment des sacrifices rituels. Les membres de ces groupes sont le plus souvent âgés de treize à dix-sept ans.

En Allemagne, de nombreux actes de violences ponctuent la vie de plusieurs lycées depuis ces dernières années. En voici trois exemples :

Le 19 février 2000, un jeune de vingt-deux ans tuait le proviseur d'un Lycée d'Enseignement Professionnel et blessait grièvement un professeur avant de se donner la mort.

Le 31 janvier 2001, un jeune couple allemand, adepte du satanisme, est condamné à quinze ans d'internement psychiatrique à la suite d'un meurtre rituel commis à l'encontre d'un homme de trente-trois ans.

En avril 2002, c'était encore un meurtre en série perpétré dans un lycée d'Erfurt, capitale du Land de Thuringe. Robert Steinhaüser, dix-neuf ans, passionné de musique *Metal*, de *Gothic* et de «vidéos extrêmes» tue de sang-froid seize personnes avant de se supprimer.

En novembre et décembre 2004, trois adolescents se suicident à Limoges. Ils étaient sympathisants des mouvements *Gothic* et *Metal*.

En septembre 2005, deux jeunes filles âgées de quatorze ans, dans la mouvance *Gothic*, se jettent du 17ème étage d'une tour de la cité Monmousseau à Ivry-sur-Seine (Val de Marne).

«*Marilyn Manson :* *un phénomène à lui tout seul*»

Aujourd'hui, parmi les adolescents des cinq continents, beaucoup ont entendu parler de *Marilyn Manson* et écoutent volontiers ses productions que les spécialistes intègrent dans la catégorie *Rock Indépendant* ou encore, pour les vrais connaisseurs, dans le registre *Métal Déjanté*[48],

Brian Warner, plus connu sous le nom de *Marilyn Manson*, a constitué avec ses musiciens *Ginger Fish, John 5, M.W. Gacy, Twiggy Ramirez* et autre *Bon Harris*, pour ne parler que des plus importants[49], un groupe de renommée mondiale.

Marilyn Manson s'est forgé son pseudonyme à partir des personnages de Marilyn Monroe et surtout de Charles Manson incarcéré après avoir exécuté un meurtre rituel à l'encontre de Sharon Tate, épouse du cinéaste Roman Polanski, lorsque celui-ci tournait le film Rosemary's Baby en 1968. Au cours de son procès Charles Manson s'était reconnu sataniste.

Marilyn Manson c'est une fortune colossale, une gigantesque entreprise qui produit des millions de

---

48- Expression parmi d'autres. Celle-ci est empruntée au catalogue trimestriel ADIPOCERE RECORDS - BP 2 - 01540 Vonnas - France, rubrique *Compact Disc*.
49- Musiciens à l'origine de l'album, *Holy Wood*. Depuis lors, la plupart de ces mêmes musiciens furent "remerciés" par M. Manson qui renouvelle fréquemment les éléments de son groupe !

disques avec les albums : *Portraits of an American, Smells like children*, la trilogie *Antichrist Superstar, Mechanical Animals, Holy Wood* ; *Golden Age of Grotesque* et *The Birth of AntiChrist* et enfin *MM Lest we Forget* (Compilation).

Puisque nous parlons chiffres, nous dirions également que *Marilyn Manson*, c'est plus d'une centaine de sites Internet, gigantesques (officiels et officieux). C'est aussi plusieurs tournées mondiales comme celle[50] intitulée *Guns, God and Government World Tour*, devant des millions de jeunes adolescents pour la plupart.

UN EXEMPLE VÉCU : *HOLY WOOD*

Le 25 janvier 2001 à Paris, c'est la salle de concert du *Zénith* qui accueille la Rock Star et son album *Holy Wood* (en novembre 2003, il se produira à Paris *Bercy*, faisant salle comble).

Holy Wood est un album en apparence comme des milliers d'autres, avec une pochette provocante à dominante rouge et noire, une jaquette sertie de quantité de photos, des textes anglais sur 19 chansons et un peu d'hébreu, quelques signes cabalistiques et un *copyright Marilyn Manson*.

50- Tournée, dans près de 70 villes des cinq continents comme Minneapolis, Milwaukee, Houston, Atlanta, Toronto, New York, Chicago, Dallas… mais aussi Londres, Paris, Bilbao, Barcelone, Hambourg, Cologne, Milan, Rome, Zurich, Vienne, Prague, Varsovie, Berlin, Copenhague, Oslo, Stockholm, Helsinki, Moscou, Osaka, Tokyo, Hiroshima…

Après avoir assisté à ce concert parisien et surtout après avoir tenté d'assimiler les chansons de l'album et la mise en scène, nous croyons que cette première analyse est évidemment un peu courte à propos de cette musique déjantée.

En premier lieu la couverture de l'album n'est pas seulement un tableau morbide mais évoque bel et bien un *Crucifié* à la mâchoire cassée et au visage, quoique défiguré, du chanteur. Au sommet de l'auréole finement dessinée on devine les quatre lettres initiales de l'inscription *I-N-R-I* qui signifient en français : «Jésus-le-Nazaréen-Roi-des-Juifs».

Sur le dépliant intérieur du *CD* dans lequel sont écrites les chansons de l'album, figurent également plusieurs croix et crucifix dont l'un d'entre eux, enlacé dans un fouet enroulé, est brandi par un magicien, toujours à l'effigie du chanteur. Le graphisme de ce tableau comme d'ailleurs celui des images conjointes est très inspiré d'un jeu de tarot avec quantité d'allusions et expressions hébraïques telles que :

- L'étoile de David
- Les noms d'*Adamah/Eva* (Adam & Ève)
- *TETRAGRAMMA*, allusion au nom du Seigneur dans la *Torah* exprimé par les quatre lettres *Yod-Hé-Waw-Hé* en hébreu...

Et si nous ne sommes pas encore convaincus, il faut également notifier le poster géant exhibé sur la scène du concert — plus de cent mètres carrés —

d'un enfant crucifié et dépecé, littéralement écorché et pendant sur une croix non moins géante[51].

Tour à tour, *Marilyn Manson* se déguise en différents personnages comme l'*Anti-Christ*, tout de noir vêtu et surtout s'élevant au fur et à mesure d'une chanson à plus de dix mètres du sol comme s'il lévitait d'une manière prodigieuse. Le truquage est parfait. Puis le chanteur se revêt d'une soutane blanche à l'instar d'un pape fantoche en tenue liturgique sous les traits du *Faux Prophète* de l'Apocalypse selon l'Évangéliste Saint Jean. Après avoir vociféré tout de blanc vêtu, *Marilyn Manson* fait violemment tomber d'un coup de tête sa mitre, une nouvelle fois pour signifier autre chose que de la dérision, à l'image du titre de l'album, lui aussi doté d'un double sens, *HOLY WOOD*.

Le dernier DVD publié en 2005 par *Marilyn Manson* est encore plus explicite, car la mise en scène évoque une parodie du Jeudi Saint et la mort du Pape (Jean Paul II).

L'étymologie nous apprend que la très célèbre cité américaine d'*Hollywood*, également résidence principale du chanteur, signifie littéralement un «bois de houx», tandis qu'*Holy Wood*[52] (*Holy* : «saint» ou «sacré») ou encore *Holy Rood* signifie le «bois sacré», c'est-à-dire, dans notre contexte, le «bois de

51- Illustration de la chanson n°1 de l'album *Holy Wood*, *GODEATGOD*. Nous y reviendrons ultérieurement.
52- Boix de la Croix ou encore le Crucifix peux aussi se traduire par Holy Rood.

la Croix» ou encore le Crucifix, ce qui confirme évidemment notre analyse picturale précédente.

Quelqu'un d'attentif peut vérifier très aisément cette succincte analyse et trouvera certainement d'autres éléments appartenant à la symbolique chrétienne.

Cet exemple de *Marilyn Manson* est significatif et, encore une fois, il peut être très largement corroboré par d'innombrables autres albums et des centaines de groupes de musiques liés aux sphères *Avangardistes, Heavy-Black-Death Metal...* et autres *Hard Core* et *Dark Wave...*

Certes, la «musique *psychédélique*», *New Age* et même le *Rock* (classique) ne supportent pas la comparaison avec le *Rock* des *extrêmes* auquel nous faisons allusion mais il est très prisé par d'innombrables adolescents de nos jours. Les rencontres régulières avec ces mêmes jeunes ou groupes de jeunes prouvent également que ce phénomène lié à la musique que l'on peut cataloguer pour la circonstance de «musique paroxystique» n'appartiennent généralement pas aux *jeunes* dits *des banlieues* mais sont bel et bien européens. Les premiers sont bien plus accrochés par le *Hip Hop* ou par le *Rap*, deux musiques encore très distinctes du *Gothic* et du *Metal* pour résumer très brièvement une nouvelle fois une musique de tous les extrêmes.

Les profanations de cimetières, quantité d'albums, de *tags* ou d'inscriptions sur des murs ou des cahiers et des livres de classes, d'innombrables *Tee-Shirts* et tatouages sont autant de signes qui trahissent de nouvelles expressions culturelles. Bien sûr, les «Murs-ont-la-parole» depuis la fin des années soixante mais aujourd'hui la contestation n'a plus le même visage, ni le même dessin (dessein). Si la «provocation» est très largement de mise, si les régressions s'affichent sans complexe à travers quantité de messages, le registre du blasphème quant à lui, et celui d'un satanisme grossier ou plus ou moins ésotérique gagne nos villes depuis quelques années déjà et nos campagnes depuis peu avec le concours de jeunes adolescents. Beaucoup d'entre eux sont baptisés et fréquentent autant les lycées privés que publics.

II

Généralisation de procédés magiques et sataniques... Vers une nouvelle religiosité ?

Les techniques de conditionnement

MÉCANISMES DE SUGGESTION

Les publicistes utilisent souvent avec brio, les mécanismes de la suggestion, qu'ils soient figuratifs par voie d'affiche, audios ou encore audiovisuels. Ces messages, pour l'immédiat, n'intéressent pas notre recherche, mais en deçà de l'image les commanditaires et les publicistes maîtrisent quantité d'artifices susceptibles de frapper durablement l'imagination des spectateurs potentiels. Or, les messages ou *stimuli* dont nous parlons, inhérents aux *spots* publicitaires, *clips* et autres concerts frappent le plus souvent notre imagination et notre inconscient très profondément comme le prouve la réalité. La puissance des médias repose aussi en partie sur de telles suggestions et possède aujourd'hui une très forte capacité de persuasion sur l'inconscient individuel ou collectif en particulier chez les jeunes — uniformisation de l'habillement et du langage — mais aussi et surtout dans leurs croyances et leurs idéaux.

Pour reprendre l'exemple type de *Marilyn Manson* il est aisément concevable d'imaginer que les adolescents, fascinés par le personnage et déjà sujets à une physiologie *instable* dès lors qu'ils entrent dans la phase de la puberté et enclins de fait à une psychologie plus ou moins ambivalente puissent aisément s'identifier à un personnage qui incarne avec excès ce qu'ils éprouvent et subissent confusément à l'intérieur d'eux-mêmes. À travers les mécanismes savamment orchestrés d'un concert, mécanismes lumineux, acoustiques et poétiques dirions-nous, derrière chacune des chansons, le spectateur répond et réagit pour ainsi dire à l'unisson de ce qu'il voit, danse et éprouve quant à lui dans un désir exacerbé de faire corps avec ce à quoi il assiste. Et c'est à cet instant que les choses se complexifient à cause de la teneur de très nombreux messages et autres suggestions ponctuées dans un ensemble, une œuvre non seulement esthétique mais aussi passablement animée et aux allures violente et psychédélique.

Les troubadours connaissaient déjà ces répétitions et autres rythmiques censées frapper durablement la mémoire pour retransmettre telle ou telle épopée héroïque. Mais aujourd'hui le dit message ne va plus dans le sens des légendes dorées. Face à ces expressions paroxystiques culturelles, nous assistons de nos jours plutôt à une «déconstruction», un ensemble de simulacres très grossiers (pornographiques et autres) qui prennent le devant de la scène.

Aujourd'hui les concerts *Rock, Punk-Rock, Gothic* ou *Déjantés* véhiculent des messages contre l'ordre établi et bien sûr contre la beauté, la vérité, le sacré et finalement contre ce que doit être quelque chose qui relève de la religion. Certes, la musique adoucit les mœurs, mais certainement pas à travers ce conditionnement !

Une mémoire sursaturée

Toute culture s'enracine dans la mémoire collective et dans celle de chaque individu. Celle des jeunes est considérablement sollicitée, et est l'objet d'un véritable enjeu dans la culture *Rock et Gothic*. Elle est sollicitée, encombrée par des millions d'images et autant de sonorités, messages et rythmiques.

Sans la mémoire, nous ne saurions être affectés durablement par ces innombrables *stimuli* dont l'ensemble peut constituer un formidable réservoir pour notre intelligence et notre imagination et plus que cela encore puisque l'une de ses plus belles fonctions nous permet d'avoir la sensation interne du temps, ce que l'on appelait au Moyen-Âge le *sentire tempus*. La mémoire a toujours fasciné l'homme depuis la plus haute Antiquité. L'un des mythes d'origine de la mémoire nous enseigne déjà qu'elle est indispensable à la vie, voire à la survie des hommes tel ce récit qui date de près de cinq mille ans et dont voici en substance l'épisode :

Un héros sumérien du nom d'*Atrahasis*, pour échapper aux tempêtes d'un déluge est d'abord averti en songe de l'imminence du danger par un dieu tutélaire du nom d'*Enki-Ea*. La divinité ne pouvant pas directement parler à son protégé sous peine de trahir le secret des dieux édicte alors son message à travers les roseaux, les claies de roseaux formant les parois de la maison d'Atrahasis absent pour la circonstance. Une fois de retour en sa demeure, les roseaux agités par le vent répéteront à notre héros l'écho des paroles de son Protecteur[53].

Cette histoire étonnante décrit peut-être l'un des plus anciens systèmes d'enregistrement et souligne, au-delà du mythe, l'importance de la mémoire. La mémoire qui, de nos jours est de plus en plus envahie non seulement par un savoir intelligible et indispensable, mais aussi par une suite presque ininterrompue de *flashs*, de *flashs* d'informations, de *scoops*, de *clips*, de *spots*, autant de nouvelles ou d'aventures miniatures qui se succèdent mais sans aucun fil conducteur.

Cette mémoire, dans le *Rock* extrême, mais aussi pour l'auditeur de *Rave* est comme traversée régulièrement par un séisme artificiel provoqué par des sons très aigus, des médiums ou des sons graves, par des rythmiques dont la puissance synchronique est capable de modifier une autre rythmique, celle-ci naturelle, biologique — littéralement, la logique du vivant — logique bouleversée par des éléments synthétiques. Le monde d'aujourd'hui ne s'exprime-t-il pas de plus en plus avec l'appui des ordinateurs, ce que l'on appelle aussi «l'assistance *CAO - DAO*»?[54]

Lors d'un concert musical, l'assistance électronique est aujourd'hui quasiment généralisée. Les

---

53- Mythe d'*Atrahasis* par *R. Labat*, frag. Le Déluge, vv. 20 et s. in Les Religions du Proche-Orient babyloniens-ougaritiques-hittites, Éd. Fayard/Denoël, Paris, 1970, pp. 34-36.
54- Conception Assistée par Ordinateur — Dessin A. par Ordinateur.

effets spéciaux, les images synthétiques et virtuelles sont de telle qualité qu'ils frappent l'imagination de telle manière que l'acteur ne peut spontanément faire de différence entre, par exemple, une voix humaine et une sonorité numérique, synthétique et donc recomposée et reproduite presque à la perfection. Et c'est à cet instant que l'intelligence et plus encore la volonté sont le plus souvent troublées. Un film vidéo relate déjà une scène ou un événement peut-être fondé sur un fait réel mais qui n'en est pas moins une histoire reconstruite. Cependant le film, s'il peut frapper l'imagination n'en demeure pas moins un film que je peux cesser de voir simplement en fermant les yeux. Pendant un concert, il en va tout autrement, la force de persuasion, le conditionnement est autrement plus performant dans sa capacité d'influx.

Mais là encore le raisonnement est trop simple pour imaginer que les seules expressions musicales, gestuelles et autres ont une aptitude suffisante pour inféoder le spectateur et l'auditeur. Bien sûr que non ! C'est évidemment l'intentionnalité des artistes qui peut, d'une manière décisive, faire que, à travers une imagination exacerbée et d'innombrables sensations, le spectateur peut être affecté profondément en sa personne, et même pourrions-nous dire en son âme et conscience.

Le rouge et le noir

En de très nombreuses bandes dessinées, les pactes sanglants ou non, sont de nos jours couramment vulgarisés :

Le maître des Ténèbres, Silence ou encore *La Belette* du dessinateur et scénariste Comes (Éd Casterman).

L'île des Morts de Sorel et Mosdi (Éd Vents d'Ouest), *In Cauda venenum ; Mors Ultima Ratio ; Abyssus Abyssum Invocat...*

Slaine de Pat Mills et Simon Bisley (Éd Zenda), *Le Dieu cornu ; les Armes Sacrées...* etc.

Les grandes librairies et les complexes types *FNAC* ou *VIRGIN* vendent ainsi des centaines de ces bandes dessinées. Depuis les œuvres de *Comes*, les productions sont exponentielles.

Les groupes musicaux *Gothic* en particulier, conjointement à la couleur noire — et dont la caractéristique est précisément d'être une absence de couleur — arborent également la couleur rouge-sang. Les rituels et pactes sanglants, ainsi que la mythologie des vampires si chère à ces tendances musicales sont omniprésents dans les textes des albums *Gothic*. Parfois même les noms des groupes font de près ou de loin allusion à la force évocatoire du sang :

• *Blood of Christ*	groupe anglais
• *Blood Duster*	australien
• *Am I Blood*	finlandais
• *Blood Stained Host*	italien
• *Cultus Sanguine*	italien
• *Bloodthorn*	norvégien
• *Blood Ritual*	américain
• *Blood Storm...*	américain.

Il serait beaucoup trop fastidieux de faire la recension des très nombreux albums musicaux *Gothic* ou autres tendances relatant l'efficacité des pactes sanglants contractés avec des entités démoniaques ou qui mettent en scène quantité d'histoires vampiriques. Il est évident aussi que bon nombre d'entre eux ne relèvent que de la provocation ou du théâtre mais nous sommes frappés, là encore, de la place faite au «satanisme cultuel» dans ces mêmes albums.

Dans un registre cinématographique, de grands classiques comme le *Nosferatu* de Murnau (1922) avec le fameux acteur Max Schreck ou sa version moderne de W. Herzog (1979) avec Klaus Kinski et encore le *Dracula* de F. Coppola (1992), tous inspirés du roman *Dracula* de Bram Stocker publié en 1897 ne sont pas des films sur le satanisme au sens étroit du terme.

D'autres films plus récents comme :

• *Dragon Rouge* (2002) ;

- *Before The Death you see the Ring* (2002 et 2005) ;
- *UnderWorld* (2003) ;
- *Le Purificateur* (2004) ;
- *Constantine* avec Keanu Reeves (2005)…

et de nombreuses séries télévisées et vidéos mettent souvent en exergue une véritable phénoménologie du sang et des sacrifices. Ces rituels sont de plus en plus répandus et s'opèrent fréquemment à travers de sombres liturgies :

- *Buffy et les vampires,*
- *X-Men,*
- *Charmed,*
- *Dark Angel…*

Rituels, évocations, symboles…

Dans sa plus simple expression, un autel dressé pour une messe noire consiste en la simple présence d'un corps humain, couché ou placé en différentes postures.

Pour comprendre ces procédures, faisons un détour dans la haute antiquité védique (dans l'Inde ancienne) avec «l'autel du feu» appelé en sanskrit *Agnicayana.*

Cet autel est une reconstruction symbolique de

l'univers encore appelée pour la circonstance **cosmogramme**, c'est une «représentation ou symbolisation de l'univers, du cosmos».

Au sein de la religion védique, cet autel était orienté Est-Ouest suivant la course du soleil et chaque brique de l'autel représentait un élément fondamental constitutif de l'univers : telle brique représentait la voie lactée, telles autres les solstices et les équinoxes, telles autres encore les cinq éléments : la terre, l'eau, l'air, le feu et l'éther *(akasha)* etc.

Une fois construit, le profil général de l'autel ressemblait à un oiseau comme pour faire correspondre matériellement le désir humain de «s'envoler vers les dieux.» *

* Exemple croquis page suivante.

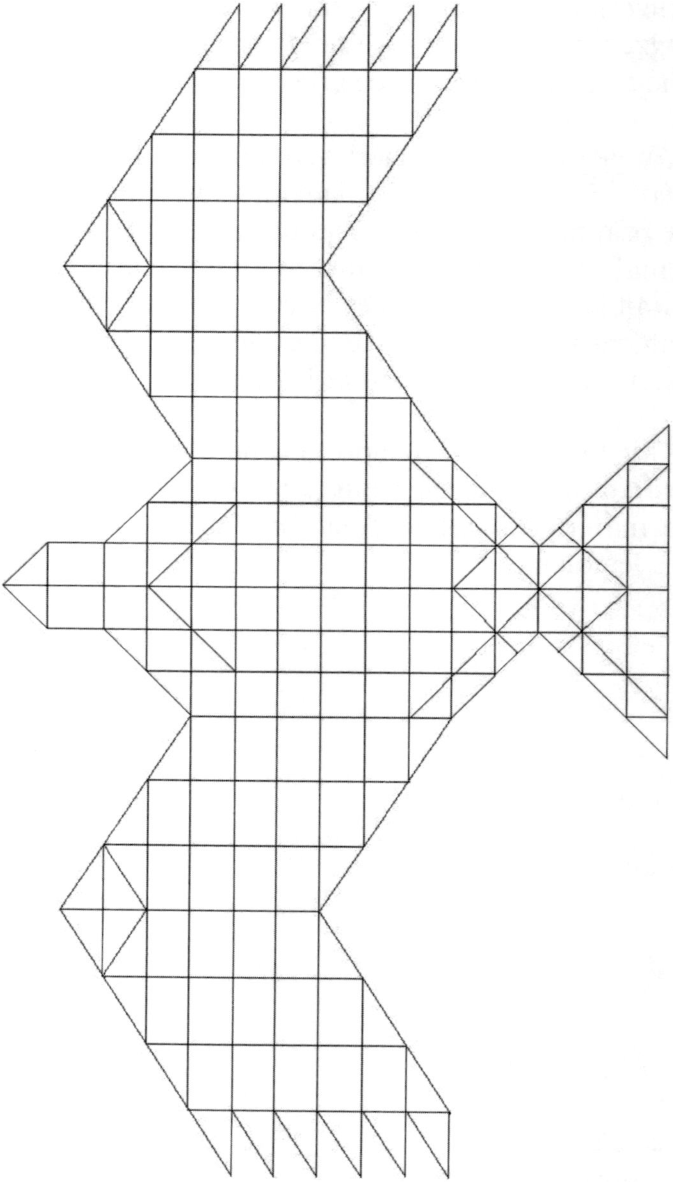

Plus tardivement, spécialement à partir des textes écrits de l'*Atharva Veda* de l'Inde ancienne et plus encore avec l'apparition du tantrisme magique et du *Kaushika Sûtra*, le cosmogramme précédemment étudié (l'autel agnicayana) fut réadapté et réinterprété à travers ce que l'on appelle un **psychocosmogramme**, littéralement : «Un symbole-mis-en-relation-avec-un-esprit»

De nos jours, à partir et au moyen de ces «psycho-cosmo-grammes», le sacrifiant principal — le sorcier ou chaman — procède à des incantations et utilise certains procédés complexes comme des *mantras* (encore appelés *onomata barbarika* en grec) ou diverses suggestions telles que des anagrammes.

Les anagrammes figurent dans toutes les langues et peuvent exprimer une certaine poétique comme à travers celui de *MARIE* dont on retrouve chaque lettre dans le verbe *AIMER* ou encore le nom de *ROMA*, la ville éternelle, qui évoque l'amour en langue latine : *AMOR*. Ce binôme correspond à une anagramme parfait — *ROMA AMOR* — puisque le sens des lettres est simplement inversé dans les deux cas.

Les exemples suivants sont tirés de la «culture *Metal*» et sont proches de certaines formules ésotériques :

- Le *MONDE* est parfois identifié à la puissance du *DEMON*

• Le Musicien *MANTAS* du groupe *VENOM* a volontairement inclus les cinq lettres du vocable *SATAN* dans son propre nom.

• Le groupe *SLIPKNOT* «nœud coulant» correspondrait au terme argot américain *TONKPILS*, anagramme parfaitement inversé lettre par lettre et qui fait référence au domaine de la prostitution.

• C'est aussi, dans un autre contexte, l'anagramme de *LEONARDO DA VINCI* transformé en *O DRACONIAN DEVIL* dans le livre *Da Vinci Code* de Dan Brown.

• Nous pourrions enfin citer les deux nombres 18 et 88, ainsi que la marque de vêtements anglaise *Lonsdale*, que nous devons comprendre de façon la suivante :

18 correspond au patronyme d'*Adolf Hitler*, puisque le chiffre 1 équivaut à la lettre *A* de l'alphabet, et le 8 à la lettre H. Par conséquent 18 = *A. H.*

Dans le même ordre d'idée, les jeunes peuvent également arborer des sweat-shirts avec le nombre 88 qui lui traduit *H. H.* = Heil Hitler

Quant à la marque de vêtements *LONSDALE*, très prisée des milieux *Skinheads, Hooligans* et *Gothic*, elle fait en réalité l'apologie du troisième Reich. Les quatre lettres *NSDA* constituent le cœur de la marque : National
Socialist
Deutche
Arbeiter loNSDAle

La technique de l'anagramme est multiforme et, de fait, si elle est souvent usitée dans la «Culture Jeune» elle l'est également au cœur de certains rites initiatiques propres à certains mouvements néotantriques *New Age* avec des thèmes comme *AHAM* et *MAHA* (empruntés au tantrisme *kashmiri* en l'occurrence).

Ces phonèmes, conjoints à certaines formules ésotériques, peuvent correspondre au préfixe ou au suffixe qui permet la construction d'un nom très particulier, celui d'un initié ! Lorsqu'un adepte invoque son *maître*, y compris de manière involontaire comme dans une formule de méditation — en pensée ou en parole — la puissance psychagogique de la formule s'apparente alors à une évocation de type spirite (du grec *psycho-* âme et de la racine *gogia-* : «évoquer des esprits»).

C'est ainsi que plusieurs adeptes sont, et le plus souvent à leur insu, liés les uns aux autres en un «cercle d'initiés», comme dans un *égrégore*, pour utiliser un jargon propre aux pratiques occultes rosicruciennes ou théosophiques. Ces quelques écoles s'inspirent également des anciens cultes rendus aux mannes et aux lares ou encore à différents cercles de divinités tutélaires étrusques ou de la Rome antique.

Ce faisant, la «puissance» de l'évocation serait analogiquement semblable à l'impact d'une pierre jetée dans l'eau et dont les cercles concentriques vont grandissant jusqu'à frapper la limite extérieure de l'ondée pour revenir ensuite jusqu'en son centre originel. C'est ainsi que différents groupes d'initiés sont susceptibles d'être littéralement «relatifs» à leur maître comme d'innombrables propositions subordonnées à une seule et unique proposition principale.

Les *mantras*, quant à eux, (ou *onomata barbarika*) sont des évocations cryptées de démons, évocations codées au sein desquelles l'aspect signifié des termes est secondaire au regard de l'aspect signifiant de ces mêmes formules.

Ces constructions phonématiques engendrent des sonorités très particulières qui traduisent diverses évocations dotées d'un certain pouvoir psychagogique.

Le spiritisme, de nos jours, et plus spécialement depuis les expériences spirites d'Allan Kardec (XIXème siècle) est une adaptation de ces méthodes ancestrales. L'autel à disparu pour faire place à un simple guéridon, mais le principe est sensiblement le même que celui évoqué précédemment.

Les évocations sont parfois violentes et peuvent alors correspondre à une injonction comme *ABRAXAS* qui appartient dans un contexte de démonologie égyptienne à une formulation magique. On trouve généralement cette injonction en lien avec le serpent Ouroboros doté précisément d'une certaine puissance de destruction signifiant à son tour en langage sémitique «envoie ta foudre jusqu'à la mort !». Cette injonction s'est perpétuée au cours des âges dans la formule «dégénérée» *ABRACADABRA*.

Quantité d'albums ou de chansons dans la mouvance *Metal, Gothic, Dark Wave, Hard Core...* font référence ou allusion à ces injonctions comme les groupes de *Metal : Cradle of Filth, Morbid Angel...* voire certains groupes de *Trance Music*[55]. C'est également le cas de l'ensemble suédois *THERION*, mot grec qui traduit l'existence de «la Bête» et dont se fait l'écho le livre de l'Apocalypse selon Saint Jean sans parler des innombrables récurrences du chiffre de cette même «Bête» : 666, tant de fois réitéré dans le *Death Metal* ou le *Gothic* en particulier.

Ces groupes peuvent utiliser de nombreuses évocations dont les principes correspondent à ceux qui caractérisent les procédures géométriques et symboliques de l'**anamorphose**.

Une anamorphose, comme le suggère son nom, est une «forme analogique». Le terme s'enracine dans le préfixe grec *Ana*, pouvant signifier dans le cas présent «en arrière» ou «à rebours» et le thème *morphose* qui évoque telle ou telle «forme».

55- Exemple : Album *TanTrance — A Trip to Psychedelic Trance*, en particulier les morceaux *Astral Projection, Mahadeva* et *Baba G, Dig A Jig (Dragonfly Kundalini Trance Mix)*. Sub Terranean Ed

Gravure anglaise du début du XIXème siècle : Blossom and Decay.

Les principes de l'anamorphose rappellent également certains principes ésotériques propres aux *mandalas* tantriques qui, à l'aide d'un nombre précis de cercles, triangles et différentes figures concentriques, évoquent symboliquement telle ou telle entité spirituelle.

De très nombreuses estampes taoïstes suggèrent les mêmes principes avec bien sûr une esthétique et un langage très spécifiques, mais avec des procédures analogues à celles énoncées jusqu'alors.

56- Cf. étude de K. SCHIPPER, «Le corps taoïste, corps physique - corps social». Éd. Fayard, Paris, 1982.

Ces procédés anamorphiques génèrent une «puissance» exprimée par exemple à travers l'image suivante — littéralement ambiguë — image qui illustre certains «mécanismes magiques» d'ordre sonore, visuel, tactile... En effet, nous pouvons retrouver ce type «d'ambivalence» avec des sonorités musicales en particulier.

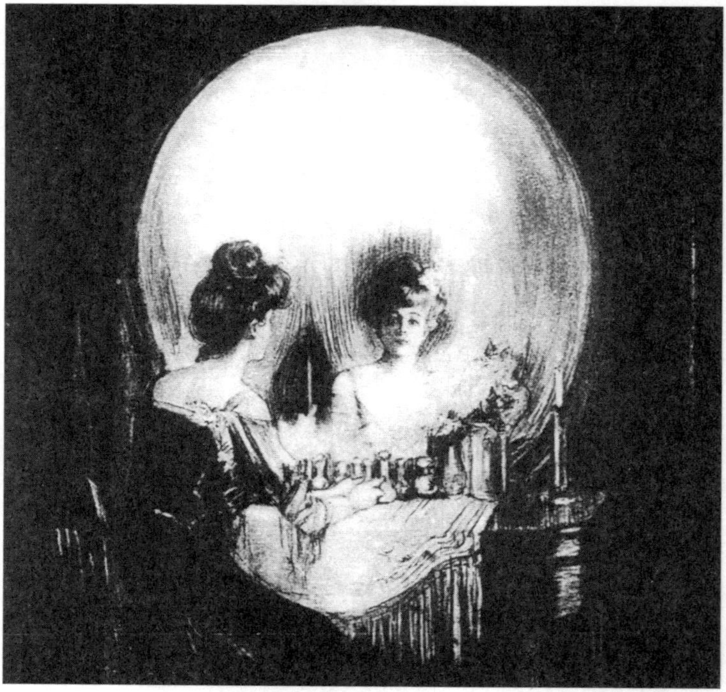

Dessin italien 1910

à la mine de plomb[57]

57- Cf. une version moderne de cette gravure in Album du groupe *Def Lepard, B. Riffola Ltd*, 1993 dans B. DOMERGUE, *Culture Barock*, op. cité, Paris, 2001, p. 166.

Le spectateur perçoit «deux adolescentes sous une arche» ou «une femme qui se regarde dans un miroir» alors que l'objectif anamorphique de ces différentes scènes évoque la présence d'un crâne humain symbolisant la mort et les ténèbres.

Que le spectateur le veuille ou non, il est contraint de voir l'*apparence* et la *réalité* du symbole qui est fondamentalement ambivalent.

C'est ainsi qu'une figure anamorphique et plusieurs symboles magiques font référence à une «puissance occulte».

Nous retrouvons la même logique dans la géométrie des pentacles figurés dans les milieux *Death* ou *Gothic* en particulier. Le plus connu d'entre eux est certainement celui entouré des lettres hébraïques *Lamed, Waw, Iod, Tav, Nun* symbolisant le démon Léviathan (*Lé-V-Ia-Tha-N*)[58] lequel encercle pour la circonstance le bouc constitué de ses deux cornes, deux oreilles et de sa «barbe» en chacune des cinq branches du pentacle. Le symbolisme est emprunté au rituel du jour des Expiations propre au Livre du Lévitique (chap. 16) en relation avec le bouc émissaire, chargé des péchés d'Israël, chassé au désert et voué au démon 'Azâ'zel. Dans le satanisme rituel, la fonction du bouc est volontairement «inversée».

58- *Culture Barock* op. cité. p. 167

Une descente aux enfers ?

«La musique adoucit les mœurs !»

Absolument ! Même les plantes, paraît-il, sont sensibles à la musique !

Ce vieil adage qui met en relation la musique et les hommes est bien connu. Mais il est aussi vrai que les sons en général, les bruitages et autres mélodies sinon symphonies, s'ils font partie de la même famille, n'ont pas de valeurs égales du seul point de vue acoustique quand nous entendons par exemple un avion supersonique qui vient de franchir le *mur du son* ou quand nous écoutons tel ou tel message téléphonique.

De plus, nous venons de le dire, les verbes *écouter* et *entendre* et surtout leurs applications intellectuelles et physiologiques signifient bien des choses très distinctes. Tout cela est facile à comprendre. Et pourtant ! Des musiciens comme *Pierre Henry*, à l'origine de la *musique concrète*, développent une sonorité constituée de sons et d'onomatopées qui nous éloignent par exemple de la tendance classique mais son répertoire est néanmoins une musique à part entière, comme son nom l'indique, concrète, réelle, brute comme une porte qui claque ou un bouchon que l'on extirpe d'une bouteille de vin.

La musique c'est aussi l'*Apocalypse des Animaux* de *Frédéric Rossif*, la *Pop Music* de *Bob*

Dylan. C'est la variété anglaise et française et c'est bien sûr la *Pierre qui roule* des *Rolling Stones* et la *House Music*, la *Trance music*, le *Reggae*, le *Jazz* et encore *le Hard Core* et bien sûr le *Hard Rock* et tant de consonances anglo-saxonnes qui, au bout du compte, constituent une typologie fabuleuse de musiques aussi différentes les unes que les autres.

La plupart des critiques, spécialement ceux qui envahissent les colonnes des magazines comme *Metallian, Hard Rock Mag, Hard Force, Elegy...* tentent bien sûr de démontrer que le phénomène extrême dans le *Hard* ne relève que de la «provoc» ou de l'exception ; si cela pouvait être vrai ! mais encore une fois, faisons face à l'évidence, à une réalité qui contredit hélas les vœux les plus sincères.

Ce qui nous permet d'affirmer ces quelques lignes — elles aussi critiques — ce ne sont pas les quelque deux mille pages du *Dictionnaire du Rock*, ouvrage très exhaustif[59] mais qui ne consacre peu ou prou qu'une dizaine de pages sur le *Rock* dit extrême. Ce n'est donc pas une anthologie sur la musique qui nous inspire mais une *terrible* réalité, celle de tous les jours, réalité que nous aussi avons beaucoup de mal à admettre face aux suicides toujours plus importants chez les jeunes ou face aux innombrables profanations de cimetières et autres lieux de cultes déjà mises en évidence dans les pages précédentes.

59- MICHKA ASSAYAS, *Dictionnaire du Rock, Blues, Country, Folk, Pop, Reggae, Rock indépendant, Soul*, Éd. R. Laffont, Paris, 2000.

En effet, nous avions repéré un certain nombre de groupes de plus ou moins grandes importances faisant l'apologie de la haine et du suicide mais aussi enclins à une religiosité très particulière, à savoir le satanisme, puisque précisément ce courant, pour en parler brièvement, s'insurge contre toutes formes de religiosité classique. C'est le culte de la chair et non celui de l'esprit, la chair prise au sens le plus dionysiaque du terme, c'est aussi l'exaltation de l'instant, l'instant présent qui s'insurge contre tout patrimoine historique ou religieux. Or, si de nos jours on simplifie et surtout on relativise jusqu'à la caricature ce type de pratique, alors il ne reste en effet du satanisme qu'une vague bouffonnerie folklorique héritée d'un Moyen-Âge très obscur et qui lui aussi ne se résumerait qu'à des gargouilles grimaçantes et des chapiteaux romans aux figures chimériques et apotropaïques.

Au passage, le Moyen-Âge était certainement un temps aussi *éclairé* que celui de la Renaissance qui lui succède. Bien sûr que les triptyques médiévaux évoquant la terre, le ciel et l'enfer comme ont su les dépeindre certains génies comme *Jérôme Bosch*, *Pierre Brueghel* le jeune ou d'autres peuvent nous faire sourire avec leurs visions naïves sur l'eschatologie et les fins dernières : les marmites bouillonnantes, les diables fourchus et crochus qui martyrisent ces hommes et ces femmes dénudés conséquemment à leurs vies passées. Le satanisme de nos jours est en effet fréquemment perçu comme une réminiscence vivante de ces anciens tableaux et enluminures. Ce serait même plutôt de bon ton que de considérer ces différentes figures allégoriques comme les sphinx, hydres, satyres et autres diables suivant une perspective psychanalytique et donc à travers une simple symbolisation de nos pulsions instinctives les plus élémentaires...

Mais une nouvelle fois, les faits contredisent ces quelques raccourcis. Le nombre toujours croissant de vidéos, *CD* et *DVD*, sites *Internet* et autres publications sur le sujet quant à eux ne relèvent pas du folklore et de l'anecdote. Nous sommes en face d'un phénomène qui s'amplifie et surtout banalise ce qui autrefois n'était l'apanage que de quelques adeptes.

Nous voudrions en quelques mots exprimer cette banalisation, à partir des dernières chansons de *Marilyn Manson* qui chante en concert avec une foule de jeunes, ces quelques versets choisis entre violence et désespoir, entre dérision et blasphèmes. Nous reconnaissons aisément, suite à une lecture continue de l'album *Holy Wood*, les très nombreuses références plus ou moins inspirées du livre *The Satanic Bible* dont *Marilyn Manson* connaît très bien les principes puisqu'il fut initié par l'auteur de ce même ouvrage[60], *Anton LaVey*, quelque temps avant la mort de ce dernier en 1998.

60- Affirmation recueillie dans la plupart des magazines spécialisés comme *Hit Parader*, Novembre 1997, pp 44-45 ou sites Internet, tel que http://www.zildjian.com.

«Cher Dieu, veux-tu descendre de cet arbre,
Tas de viande qui ressemble à la lettre T ? (…)
Tes sourires du dimanche
Ne sont que des clous rouillés (…)
Les gens… achètent leurs billets pour voir Dieu
Comme un lion dans une cage (…)
Nous n'avons aucun lendemain.
Le ciel, les cieux,
Le paradis ne sont pas pour moi…
La mort est un ange…
La mort est Notre Dieu qui nous tue tous ! (…)
Je suis cloué sur la Sainte Croix (le bois sacré)…
Nous sommes morts
Et demain ne verra pas le jour…
Les mouches attendent… (…)
Agneau de Dieu prends pitié de nous !…
Agneau de Dieu, vas-tu nous exaucer ? (…)»[61]

Marilyn Manson

Ces quelques versets — parmi d'autres — inscrits çà et là tout au long de l'album *Holy Wood* expriment en substance une idéologie que les cou-

---

61- Extraits chansons de l'album *Holy Wood*, M. MANSON, *Dear god do you want to climb of that tree - meat in the shape of a "T" (…) Your Sunday smiles are rusty nails (…) The thinkers buy their tickets to go find god like a piggy in a fair (…) We have no future - heaven… wasn't made for me… Death is an angel and Death is our God - killing us all (…) I'm nailed - to the Holy Wood (…) we are dead and tomorrow's canceled… flies are waiting (…) Lamb of god have mercy on us - lamb of god won't you grant us ?…* Nothing Interscope Records, 2000.

rants satanistes affichent de plus en plus ouvertement à travers la musique mais aussi par l'image et le texte. Ce qui, il y a quelques années n'était encore que subliminal est aujourd'hui progressivement mis à jour, lentement exhumé dans ce que l'on peut appeler la «Culture Jeune». Cette même culture est lisible et visible à travers quantité de graffitis ou plus simplement sur des *Tee-Shirts* ou *sweats* de manière tout à fait anodine[62], nous y faisions référence plus haut. Il est vrai qu'une certaine banalisation du phénomène peut nous faire penser que cette mode est éphémère mais il n'en est rien. En Europe, en une seule année, à travers des centaines de concerts y compris au sein de *Rave Party* toujours plus nombreuses, les messages ou les images qui font l'apologie du monde de l'Hadès[63] se multiplient indéfiniment. Il suffit également de consulter les nombreuses *fanzines* publiées de manière très informelle pour vérifier ce phénomène amplifié par des scénaristes tels que *Jodorowsky*, ou *Froideval* et *Tacito* à l'origine des albums *666*. À travers la dérision et de nombreux délires, ce sont les histoires des Évangiles qui sont mises à mal comme le prouvent de nombreuses séries de bandes dessinées évoquées précédemment, spécialement celles réunies dans la Collection «La Loge Noire».

62- Tee-Shirts de plusieurs groupes tels que *Belial, Cannibal Corpse, Cathedral, Cradle of Filth, Dark Funeral, Deicide, Dimmu Borgir, Marduk, Impaled Nazarene, Rotting Christ, Samael* et bien sûr *Marilyn Manson* et tant d'autres.
63- Hadès : dans la mythologie grecque, signifie le dieu des enfers.

Un phénomène d'uniformisation

Aujourd'hui l'uniforme n'habille plus seulement les militaires mais ces mêmes adolescents et nous ne sommes bien sûr pas les premiers à l'avoir constaté. Cet uniforme, c'est aussi l'uniformisation d'une symbolique dont nous avons déjà souligné la simplicité chromatique autour de la trilogie noir, blanc, rouge.

Uniformisation vestimentaire mais aussi du *piercing* et du tatouage — le plus souvent superficiel — uniformisation d'une gestuelle très précise entre briquets enflammés et petites cornes levées au sommet d'une main droite qui veut simuler l'effigie d'un pentacle, lointain descendant des boucs émissaires de l'Ancien Testament.

Uniformisation enfin de sonorités et de rythmiques, de textes et de clichés qui ne parlent déjà plus en *verlant* (à l'envers) mais en interjections.

Un exemple significatif serait l'un des synonymes actuels les plus courant de la cigarette dans le «parler jeune». Celle-ci est appelée «nuit grave» en référence au début de la phrase d'avertissement qui doit toujours figurer sur un paquet de cigarettes «**nuit grave**ment à la santé !». Le raccourci est une simple dérision faisant également référence à la nuit tout simplement, nuit grave, nuit obscure !

Le langage se simplifie toujours davantage au moyen de phrases très courtes et généralement sans verbe peut-être à la suite des *Nouveaux Romans* qui ont perdu, il y a quelques années déjà, toute trace de ponctuation et qui nous exténuent à force de lecture.

Les Vidéoclips expriment de près ou de loin cette même plongée en «apnée» pourrions-nous dire, océan d'images et de flashs continus et qui s'impriment dans notre mémoire qui a toujours plus de peine à rassembler en son centre son identité la plus profonde, un être non pas unifié mais morcelé, sursaturé et impressionné par ce que les sens peuvent subir lors d'un concert. À cet instant nous sommes de nouveau arrêtés net sur un seuil, celui de la volonté, la volonté intime, l'intime conviction qui ne peut plus affirmer autre chose que ce que le macrocosme lui imprime et lui impose. Là s'arrête la psychologie des profondeurs et probablement commencent en cet endroit certaines données spirituelles.

À cet instant encore, nous faisons un saut qualitatif et catégoriel où l'intelligence n'est pas seulement sujette à une quantité énorme de sensations au point de la saturer — sursaturation — mais elle est comme persuadée, obsédée par un certain nombre d'affirmations que nous voudrions à présent quelque peu étudier à travers une interprétation d'ordre théologique et pastorale.

Incitation à l'apostasie

De plus en plus de groupes affiliés au satanisme propagent et encouragent les procédures de «débaptisation» comme la «Fédération Sataniste Française»[64].

Monsieur le Curé (l'Évêque),
Ayant été baptisé(e) en l'église de…………,
le…… 20…,
Sous le nom de…………,
je vous serais reconnaissant(e) de bien vouloir porter sur le registre des baptêmes et en regard de mon nom la mention suivante :
«a renié son baptême par lettre datée du…… 20……»
Dans l'attente de votre confirmation écrite, je vous prie d'agréer, Monsieur, l'expression de mes sentiments distingués.
Fait à………, le…… 20…
Signature.

Ces procédures sont parfois évoquées dans la culture *Gothic.*

Le chanteur *Marilyn Manson* n'hésite pas à parler

64- HYPERLINK "http://www.ultimatom.com/cerclenoir/satanisme.htm" www.ultimatom.com/cerclenoir/satanisme.htm et http://f.s.f.free.fr/debapteme.htm.

de son affiliation à l'église sataniste de San Francisco[65].

Dans un de ses aspects les plus extrêmes, l'apostasie peut se déclarer par la renonciation écrite et orale du baptême. Ces procédures ne sont pas nouvelles mais aujourd'hui nous constatons une certaine amplitude de ce phénomène, en particulier chez les adolescents.

Depuis le début des années deux mille, la propagation et l'incitation à l'apostasie prennent un visage singulier dans les milieux musicaux.

C'est tout d'abord les traditions latine et romaine qui sont de plus en plus parodiées à travers différents groupes de genres *Gothic* et *Metal*.

Au cours des années quatre-vingt-dix, quelques musiciens de nationalités européenne et américaine composaient déjà leurs albums à partir de textes liturgiques tridentins[66] à la nuance près que ce travail de recomposition, une fois établie, nous éloigne radicalement de sa source d'inspiration puisque celui-ci correspond alors à une liturgie de type «messe noire».

Les pièces du puzzle appartiennent — séparément — à l'original latin, mais l'ensemble, quant à

65- Sources in revue musicale américaine *Hit Parader*, novembre 1997, pp. 44-45 ou site *Hyperlink* "http://www.zildjian.com"

66- *Tridentin*, adjectif tiré du nom de la ville de Trente où se réunit le 19ème Concile œcuménique de 1545 à 1563.

lui, s'apparente à une œuvre blasphématoire. En effet, si les éléments pris un à un correspondent en partie à différents rites multiséculaires, la somme de ces mêmes rites évoque le contraire de ce pourquoi ils ont été créés. Les groupes en question sont visiblement très bien informés en sacramentaire. Nous pouvons citer à titre d'exemple les groupes et albums suivants :

GROUPES	ALBUMS	NATIONALITÉS
Bethlehem	*Profane fetmilch*	Allemagne
Candlemass	*Nightfall*	Suède
Lacrimas Profundere	*Memorandum*	Allemagne
Memento Mori	*La Danse Macabre*	Suède
Sacramentum	*Finis Malorum*	Suède
Peccatum	*Oh... my regrets*	Norvège
Vobiscum	*Traum Ewiger insternis*	Autriche
Penitent	*Reflections of Past Memories*	Norvège
Current 93[67] ∴	*Dogs Blood Rising*	Angleterre

Dans ce dernier album quelle n'a pas été notre surprise (...) quand nous avons écouté pour la première fois le prologue du second chant de l'album ! Le refrain lancinant s'inspire en effet, mot pour

67- *Culture Barock,* op. cité. p. 71 et suivantes.

mot, du début du discours du Pape *Paul VI* au siège de l'*ONU* le 04 octobre 1965 à savoir :

«Pour Nous d'abord, Oh ! Vous savez bien qui Nous sommes...».

Paul VI traduit sa joie de parler devant les quelque cent vingt chefs d'État représentant le monde entier et d'annoncer à mots couverts la Parousie du Seigneur :

> «Pour Nous d'abord. Oh ! Vous savez bien qui Nous sommes. Et quelle que soit votre opinion sur le Pontife de Rome, vous connaissez Notre mission (...) Nous avons conscience de vivre un instant privilégié, — si bref soit-il — où s'accomplit un vœu que Nous portons dans le cœur depuis près de vingt siècles. Oui, vous vous en souvenez. C'est depuis longtemps que Nous sommes en route, et Nous portons avec Nous une longue histoire ; Nous célébrons ici l'épilogue d'un laborieux pèlerinage à la recherche d'une rencontre avec le monde entier, depuis le jour où il Nous fut commandé — Allez, portez la Bonne Nouvelle à toutes les nations !
> Or c'est vous qui représentez toutes les nations.»
>
> Paul VI

David Tibet, le leader de *Current 93* ∴ qui a appartenu pendant de longues années à l'Ordre du

Temple d'Orient (La Société *OTO*) et est également adepte du *Thélémisme* d'*Aleister Crowley*. Il dénature souvent des références bibliques ou encore ce discours de Paul VI avec pour objectif d'exalter l'*Anti-Christ*.

Un peu d'histoire !

Il existerait dès le premier siècle de l'ère chrétienne une «tradition ésotérique» issue des écrits de la Gnose valentinienne, faisant suite aux essais de *Simon le Magicien* puis de *Ménandre*, *Marc le Magicien* et *Apulée* et des textes hermétiques attribués à *Hermès Trismégiste*. Cette «mémoire» serait détentrice des clés du véritable christianisme.

C'est ainsi que de nombreux penseurs et sociétés secrètes sinon telle ou telle secte ésotérique ont imaginé, au fur et à mesure des siècles, que bien des aspects de la *philosophia perennis* auraient ainsi été transmis à la postérité en particulier par l'intermédiaire de ce courant ésotérique. Les sources sont en réalité très disparates et, le plus souvent, se sont constituées à partir d'un grand nombre d'apocryphes comme l'Évangile selon Saint Thomas dont on sait à présent qu'il est l'œuvre d'un auteur du IVème siècle de notre ère.

En fait, il faut attendre le Haut Moyen-Âge et surtout la période de la Renaissance — et donc faire un saut considérable au cours des siècles historiques — pour retrouver trace de ce «christianisme ésotérique» en particulier avec des personnages comme *Pic de la Mirandole, Paracelse, Jean-Baptiste della Porta* ou encore *Jacob Böhme*. Ces différents auteurs développent certaines interprétations ésotériques à partir des écrits du Nouveau Testament, parallèlement à ce que firent les Kabbalistes au regard des écrits bibliques et rabbiniques.

Ainsi apparaissent différents courants ésotéro-gnostiques d'inspiration «chrétienne» répartis en quelques écoles sinon traditions remontant aux XVIIème et XVIIIème siècles. Depuis lors, différents groupes *Rose-Croix*, théosophes et anthroposophes et enfin nombre de guildes et autres sociétés parallèles, y compris quantité de *fraternelles*, perpétuent et souvent amplifient jusqu'à plus soif les différentes doctrines du «christianisme ésotérique».

De la gnose valentinienne à la gnose de Princeton

Les plus anciennes hérésies christologiques en particulier constituent véritablement l'épicentre de ces «doctrines secrètes» qui réinventent sans cesse les origines du monde. Depuis le premier siècle de notre ère, c'est-à-dire depuis *Valentin* jusqu'à la convocation du premier Parlement Mondial des Religions (réuni à Chicago en septembre 1893), la gnose ne cesse de se réitérer dans ses fondements et dans ses fins, avec un vocabulaire constamment renouvelé. On constate néanmoins que le XXème siècle à lui seul a vu surgir plus encore de gnoses ésotériques au regard de la seule période historique précédente !

Dans ce contexte la *Gnose de Princeton de Ruyer* théorisée à partir de 1960 n'a bien sûr que peu de relation avec celle de *Valentin* et cependant leurs présupposés sont relativement proches dans leur essence. Les dernières décennies, et plus encore ces dernières années ont connu, au regard des siècles précédents, une vulgarisation quasi exponentielle de la gnose et de l'ésotérisme que nous pourrions illustrer très succinctement avec pour seule référence non pas les traités d'ésotérisme ou d'occultisme, ce qui paraît trop ambitieux, mais leur accessibilité au grand public.

EXPLOSION DE LA LITTÉRATURE ÉSOTÉRIQUE

Pour la seule ville de Paris *intra-muros*, il n'existait en 1975 qu'une dizaine de librairies spécialisées, dont quatre dans les seules rues Saint Jacques et des Écoles autour de l'université Panthéon-Sorbonne sur les sujets qui nous intéressent. Une dizaine d'années plus tard, ces mêmes livres, presque sans exception étaient disponibles dans la plupart des grandes bibliothèques parisiennes et surtout étaient vendus en librairie dans près d'une centaine de points de ventes, y compris en de grands centres de distributions proches de la place

Saint Sulpice. Au cours des années quatre-vingt-dix, les proportions ont encore décuplé.

Le seul exemple suivant est, croyons-nous, significatif de ce phénomène : *The Satanic Bible*, en 1995, n'était accessible que par l'intermédiaire de la seule librairie anglo-saxonne de la rue de Rivoli avec plusieurs semaines d'attente pour la réception du livre en question. De nos jours, non seulement ce traité est à notre portée dans toutes les villes de moyennes et grandes importances, mais il est surtout accessible à tout public sur le *Web* dans les plus usitées des langues européennes.

Les cosmogonies et rituels magiques les plus connus, il y a peu, étaient encore accessibles aux seuls initiés mais aujourd'hui sont vendus en *livre de poche*, le plus couramment. De plus, ces connaissances livresques sont très largement relayées par des millions de disques *CD*, vidéos, bandes dessinées etc. sur le sujet. Bien sûr Internet est un outil unique en son genre, c'est une banque de données aux proportions gigantesques. Le *Web* est, pour ainsi dire «vivant» et interactif et permet comme jamais de cultiver la performance et l'excellence en matière d'échanges et de communications. Ce faisant, ces mêmes technologies, comme le suggère peut-être l'ombre portée d'une véritable «lune noire» couvrant les cinq continents — ne parle-t-on pas de la *Toile d'Internet* — ces médias nous transmettent parallèlement et en toute impunité, les caractéristiques d'une véritable «culture de mort» qui va toujours s'amplifiant. Le phénomène est très progressif et graduel voire insidieux mais il n'en est pas moins réel.

John Henry Newman

Au cours du XIXème siècle, *John Henry Newman* qui fut à l'origine du Mouvement d'Oxford au cœur d'une Angleterre vivant la première révolution industrielle, mettait déjà en évidence l'impérieuse nécessité de se garder de toute naïveté quant aux effets de la sécularisation sur la foi chrétienne. Newman avait perçu le profil des temps à venir mais aussi le caractère insidieux de cette «perte de la foi» qu'il identifiait déjà à une véritable apostasie, y compris à travers ce que déjà laissaient entrevoir les promesses du progrès et des techniques de l'époque.

Avec un langage quelque peu entier mais au combien visionnaire sur le fond, Newman entrevoyait déjà cette violence qui, «sans être sanglante ni mortelle, userait de l'artifice et du subterfuge, fondée non pas sur des miracles, mais sur des prodiges naturels et des pouvoirs développés par l'ingéniosité humaine, autrement dit des réalisations de l'homme dans les mains (de l'Adversaire). (Celui-ci) pourrait choisir ses armes de mystification les plus inquiétantes — se dissimuler ou tenter de nous séduire dans les petites choses... Il est dans sa politique de nous séparer et de nous diviser, de nous arracher graduellement du *rocher de notre force* (Ps. 62, 8)»[68].

Or, nous sommes en 1835, quand ces propos ont été publiés ! À cette époque, le cinéma et la vidéo n'existaient pas — et pour cause — ni même les concerts et leurs mises en scènes spectaculaires comme ceux qui, de nos jours, sont animés par *Marilyn Manson* sans évoquer les grands spectacles de *Rave Party* que connaissent nos sociétés occidentales...

Lorsque fut convoqué le Synode pour l'Europe en 1999, il fut très largement noté par plusieurs intervenants la nécessité et la pertinence de la «nouvelle évangélisation» qui seule peut répondre à ce que le Cardinal *Pierre Eyt* avait qualifié à l'époque d'«apostasie tranquille».

Pour citer encore *Newman*, nous pourrions de nouveau lui accorder la parole à travers les propos suivants qui anticipaient également cette époque où «se manifeste un formidable effort, pratiquement dans le monde entier... un effort pour se passer de la religion ? N'est-il pas vrai — poursuit-il — qu'existe la conviction, avouée et croissante, qu'une nation n'a rien à voir avec la religion et que celle-ci relève de la conscience personnelle de chacun... ? (et qu'existe) la volonté d'organiser l'éducation sans religion — c'est-à-dire, ce qui revient au même, en mettant sur le même plan toutes les formes de religion ?... La volonté de faire de l'utilité, et non de la vérité, la finalité et le critère des décisions de l'État et de la constitution des lois ?...»[69]

68- *J.-Henry Newman*, *l'Antichrist*, Éd. Ad Solem, Genève, 1995, pp. 115-116.
69- Idem, pp 47-48

Quelle prémonition dans ces propos ! et nous pourrions, à la suite de *Newman* certainement adapter cette justesse d'analyse à la presque totalité des expressions culturelles de ses dernières années, des plus officielles (TV et films) jusqu'aux plus vulgarisées d'entre elles en particulier au sein de la «culture jeune».

À la fin des années quatre-vingt-dix, nous avions déjà recensé l'existence de plusieurs centaines de groupes de musiques — répertoriés sur les cinq continents — aux tendances *Metal, Gothic, Avant-gardistes* ou autres et prônant plus ou moins directement une haine affichée contre le christianisme ou un intérêt marqué pour le satanisme ou l'occultisme le plus radical.

Pour ne prendre qu'un seul exemple, le magazine musical *Metallian* conjointement avec le catalogue spécialisé Adipocere, fait à lui seul la promotion de ces très nombreux groupes nettement antichrétiens ou (et) encourageant non moins nettement diverses pratiques les plus *noires*.

Dans cette revue — que l'on peut acquérir partout en France, y compris dans les plus petits villages dotés d'un service de presse classique — de nombreux groupes affichent clairement leurs intentions comme le groupe norvégien *Dimmu Borgir* (de l'expression islandaise : «Champs de lave») :

«Nous sommes satanistes… tous ceux qui prêchent la Bible sont nos ennemis… nous sommes tous des espèces d'animaux et c'est dans notre nature que d'être des survivants... j'appartiens à une catégorie d'êtres humains que j'appelle les damnés...»[70].

Ces affirmations appuient leur dernier album intitulé «*Génération Armageddon*» faisant suite à d'autres œuvres ayant le même profil telles que *Enthroned Darkness Triumphant, Godless savage garden ou encore World Misanthropy...*

Nous constatons la même approche pour cet autre groupe, celui-ci américain du Nord, *Vital Remains* faisant la promotion de leur ultime production intitulée «*Dechristianize*» à travers maints blasphèmes et autres injonctions strictement satanistes et à la suite des deux premières créations *Forever underground* et *Dawn Of The Apocalypse*. L'album fut réalisé avec le soutien de *Glen Benton*, autre adepte du même genre à l'origine lui aussi de plusieurs albums délibérément anti-chrétiens et satanistes et dont voici quelques titres : *Amon* et surtout *Once Upon The Cross*.

Le groupe suédois *Lucifērion* arbore quant à lui en page de garde et de manière ostensible un Christ crucifié et bien sûr ses différentes productions telles que *Demonication* et *The Apostate*, titres évocateurs, toujours dans le sillage des précédents[71].

70- *Revue Metallian*, n° 32, 3ème trimestre 2003, pp. 60-61
71- *Metallian*, Idem, p. 40.

Les italiens *Graveworm* sont également dans une thématique assez proche de ces derniers groupes à travers *Engraved in Black*, leur quatrième album à mi-chemin entre *Metal* et *Gothic* et dont les critiques comparent l'inspiration à celle de *Dimmu Borgir*, cité précédemment mais aussi au groupe anglais *Cradle of Filth* à l'origine d'une dizaine d'albums tels que *The Principle Of Evil made Flesh*, groupe dont la revue *Metallian* a maintes fois affiché les honneurs au cours des dernières années[72].

Le groupe brésilien *Krisiun* exprime également ses prétentions sur la question avec autant de fermeté, en particulier avec son dernier disque *Works Of Carnage* : «Dans notre cas, la doctrine de Satan est parfaitement en adéquation avec notre vie. Nous ne supportons pas l'Église et encore moins ses adeptes... Lorsque le véritable démon (?) utilise le masque du Christ pour imposer sa religion, nous ne pouvons qu'être inspirés pour écrire des titres contre le christianisme...»[73]

Un autre groupe suédois *Marduk*, très nettement antichrétien, est lui aussi largement plébiscité à la suite des formations *Metal* précédentes.

Ces exemples sont un simple aperçu de ce que la scène *Metal* fait découvrir en quelques pages

72- *Metallian*, pp. 28 et 41.
73- *Metallian*, p. 67.

référencées dans une revue accessible à tous publics. Dans quantité d'autres revues spécialisées en la matière, nous constatons les mêmes excès.

Hémomancie et pactes sanglants

Dans la procédure du pacte, (spécialement dans le cadre de messes noires) l'encre utilisée est généralement du sang humain, pour parodier — volontairement — les procédures rituelles du livre du Lévitique chapitre IV.

Dans le chamanisme ou la sorcellerie traditionnelle, le sang est toujours requis pour «opérer une descente aux enfers», nous en avons un exemple très connu dans l'Odyssée d'Homère au chapitre XI.

> … Au cours de l'épreuve, Ulysse formulait différents vœux et prières à l'intention d'illustres amis défunts ; pour ce faire, il saisit les bêtes du sacrifice et leur coupait la gorge au-dessus de la fosse dans laquelle se répandait un sang noir… il tenait son épée au-dessus du sang, et, de l'autre côté, le fantôme… lui parlait longuement…[74]

Le démon est capable, quasi parfaitement, d'imiter — de reproduire — d'innombrables éléments ou

74- Ulysse prend conseil des anciens achéens, héros de la guerre de Troie. Traduction adaptée.

formes naturelles jusque dans certaines expériences particulières de spiritisme. Il est vrai qu'une véritable séance de spiritisme ou de nécromancie n'est pas formellement une expérience qui relève du *satanisme* ou des pratiques satanistes. Le *channeling* non plus, ni l'occultisme ou encore des pratiques telles que des expériences avérées de médiumnité ou de chamanisme. Mais en réalité, une emprise démoniaque est souvent à l'origine, de façon plus ou moins sous-jacente derrière chacune de ces pratiques. Il existe certes une définition stricte du *satanisme* mais ses corollaires sont nombreux dans ses différentes expressions, celles-ci au sens large du terme.

Dans ses œuvres *extraordinaires*, le démon est presque constamment à la frontière, à la frange de ce qui appartient au miracle mais sans toutefois en avoir la puissance *réelle* au point d'en développer le plus petit d'entre eux. Il ne peut que «manipuler» des éléments naturels suivant une science qui bien sûr nous dépasse mais avec souvent beaucoup de dextérité pour toujours nous faire croire finalement qu'il est à l'origine du monde et de la grâce surnaturels.

Les rites sacrificiels sanglants propres au satanisme et ses différentes expressions sont une contrefaçon de ces autres sacrifices, véritablement expiatoires quant à eux, et dont l'Ancien Testament exalte la puissance rédemptrice en chacun de ses livres. Nous retrouvons la même problématique avec le sacrifice d'Élie au Mont Carmel (1 Rois 18), les prêtres de Baal tentent de détourner Israël du

Seigneur et vont même «se taillader avec des épées et des lances jusqu'à l'effusion du sang» pour ravir le culte au Dieu unique. Sang contre sang, sacrifice contre holocauste et finalement idole contre Dieu, le démon imite jusqu'à l'excès la liturgie biblique pour s'emparer des offrandes du culte divin. Finalement, le sacrifice d'*Élie* l'emportera sur l'ensemble des sacrifices voués aux *Baals*.

Inversion et perversion

Dans les croyances populaires traditionnelles en matière de superstition, existe un phénomène très proche de cette puissance démoniaque auquel nous venons de faire allusion. Ce pouvoir est parfois symbolisé par la figure d'un miroir à l'origine de tel ou tel maléfice. Le mythe grec de *Persée* et de la *Méduse* est une des plus anciennes péripéties de cette magie opérative qui, à l'occasion, se retourne contre la *Gorgonne* faisant la fatale expérience de la mort dont elle frappait ses victimes ayant le malheur de la regarder en face. Ses ennemis étaient alors pétrifiés sur place.

Le miroir permettrait de lutter contre un adversaire pratiquant la magie noire et peut alors correspondre à une figure apotropaïque — du grec *apotropê* «action de détourner un malheur» —, synonyme de conjuration, nous parlerions aujourd'hui de procédé répulsif.

Dans un autre contexte de magie noire, ces croyances sont apparentées à la catoptromancie, du grec *katoptron-manteïa* : «la divination par un miroir». Dans la sorcellerie traditionnelle et bon nombre de contes de fées, le miroir est alors un instrument de divination et permettrait d'évoquer les démons au même titre que la chiromancie ou la nécromancie.

La fascination du miroir se retrouve aussi dans les contes populaires d'Europe centrale et même dans certains rituels taoïstes classiques ; les mystérieux reflets plus ou moins argentés des miroirs sont une illustration d'antiques croyances au sujet de la mort et de l'au-delà. En effet, la superstition considère le monde des morts comme une ombre-portée, un «monde inversé» dans lequel tous les repères habituels sont opposés à ceux de la réalité. De nos jours, lorsqu'un défunt repose dans son lit quelques heures avant son inhumation, les miroirs et autres armoires à glace sont systématiquement recouverts de draps ou de tentures pour éviter de croiser son propre regard en ce lieu où repose un mort, y compris un être cher.

Ce qui serait à droite sur terre serait à gauche dans l'au-delà, ce qui est en haut serait en bas, ainsi de suite jusqu'aux individus eux-mêmes dont les ombres et les silhouettes seraient comparables à des «négatifs photographiques» venus d'outre-tombe. Le cinéma surréaliste a produit quelques longs-métrages sur la question.

Ces différentes procédures et croyances sont en partie liées à un pouvoir mystérieux que l'on retrouve dans pratiquement tous les traités de magie classique considérant les effets de la puissance des démons comme étant des artifices, des illusions ou des chimères et que de nos jours, une fois encore, le cinéma fantastique parvient à reproduire presque parfaitement au moyen des images de synthèses et des procédures virtuelles en particulier. Or, à cet instant, il serait également intéressant de faire un détour dans les arcanes de la démonologie traditionnelle pour s'apercevoir que finalement les démons, s'ils sont dotés d'une puissance véritable, cette puissance est non pas créatrice mais correspondrait plutôt à un certain pouvoir d'imitation.

L'action du démon

Saint Augustin faisait déjà remarquer, dans son ouvrage *la Cité de Dieu*, que «les démons ne sont pas en mesure de *transformer*, par leur puissance (propre) ou leurs artifices, (...) une âme, ou même un corps (suivant un changement formel)»[75]. Il souligne alors l'incapacité des démons à agir sur la création comme Dieu lui-même peut intervenir dans l'univers créé.

75- Saint Augustin, Civ. Dei, XVIII, 18

Si Dieu est capable de créer quoi que ce soit à partir de rien (*ex nihilo*) ou encore à partir d'éléments naturels préexistants, le démon en revanche, s'il ne peut **réellement** pas créer quelque objet que ce soit *ex nihilo*, il peut *créer* tel ou tel objet — à l'instar du Dieu créateur — mais seulement en apparence quant à lui. Prenons un exemple, celui de deux fenêtres sur la façade d'un immeuble, fenêtres apparemment identiques

> La première faite de véritables vitres et de croisillons en bois laisse passer la lumière et permet de voir réellement une activité et une vie à l'intérieur de la pièce. Cette fenêtre est bien réelle.
>
> La seconde, en revanche est seulement peinte sur la façade, certes avec beaucoup d'habileté. Elle a l'apparence de la première, mais n'en a pas la réalité. Nous croyons voir une vie à l'intérieur de la pièce, vie qui n'existe pas. C'est un véritable trompe l'œil !

Pour adapter cette analogie dans le cours de nos investigations, à un premier degré de réflexion, nous pourrions affirmer que les deux fenêtres sont comparables puisqu'elles ont la même fonction esthétique et architecturale sur la façade de l'immeuble ; cependant nous pouvons également convenir d'un autre diagnostic à savoir que la première fenêtre est *réellement* une fenêtre tandis que la seconde n'en a que l'apparence, même si elle est fabriquée à partir de matériaux semblables (plâtre, peinture, bois...).

Prenons un autre exemple, celui de deux arbres vigoureux : Le premier arbre est bel et bien vivant, porte quantité de feuilles vertes et puise sa vitalité des profondeurs du sol par la sève. Le second en revanche serait un arbre mort recouvert de lierre. Son aspect extérieur correspond au premier arbre mais seulement en apparence.

C'est en ce sens que nous avons identifié précédemment la puissance créatrice des démons à une sorte de pouvoir d'imitation. Si un témoin oculaire n'est pas en mesure de reconnaître les différents «artifices», alors il pourrait, de fait, conclure au *miracle* dans lequel disparaissent réalité et apparence. Aujourd'hui, nous parlerions de réel et de virtuel.

Dans la citation ci-dessus, Saint Augustin affirmait, par conséquent, que les entités spirituelles en général — anges ou démons — ne sont pas en mesure de créer de la matière ou de la transformer réellement. Ils peuvent en revanche infléchir certaines lois ou éléments naturels en modifiant, par exemple, la matière à partir de leur propre puissance[76], Saint Thomas puis les scolastiques employaient le terme de «germes»[77]. À propos de ces «germes» nous pourrions bien sûr aujourd'hui adapter ce langage en affirmant que les démons

76- Cf. Saint Thomas *De Malo*, Q 16, a 9, s.c. 2 : «Les substances spirituelles ne peuvent transformer la matière quant à la forme» : *Substantie immateriales non possunt transmutare materiam ad formam.* Or, si les démons peuvent modifier, voire transformer la matière, en fait ils ne le peuvent réellement par leur seule puissance propre, mais en utilisant certains agents naturels *(aliqua corporalia activa).*

sont probablement en mesure de *modifier* certaines lois ou éléments physiques ou encore certaines interactions moléculaires au niveau des particules élémentaires.

La recherche fondamentale de ces dernières années a mis en évidence un monde infiniment petit — microscopique — dans lequel *disparaît* la matière derrière différents phénomènes ondulatoires, les lois d'influences fortes et faibles mis à jour par la physique quantique... etc. Nous pouvons imaginer que les démons — étant de purs esprits et n'étant pas liés à la matière — sont susceptibles d'opérer au cœur même de cet «infiniment petit», en des zones élémentaires qui échappent bien sûr à nos sens mais aussi aux investigations les plus sophistiquées de la science, du moins pour le moment. Cependant, si ces «germes» auxquels fait référence Saint Thomas, à la suite de St Augustin, dans leurs structures matérielles les plus fines échappent à notre entendement, il n'en est pas de même vis-à-vis de purs esprits tels que les démons.

Très sommairement, nous pourrions évoquer à travers le tableau suivant les fondements qui distinguent un miracle d'origine divine d'un prodige magique :

77- Saint Thomas : «La matière corporelle n'obéit pas aux anges bons ou mauvais de façon absolue, de telle sorte que par leur puissance les démons pourraient faire passer la matière d'une forme à l'autre *(transmutare materiam de forma in formam)*. Mais ils peuvent employer des sortes de germes *(quædam semina)* qui se trouvent dans les éléments du monde, afin de produire de tels effets... ST, Ia, q 114, a 4, s 2.

Agents	DIEU	ESPRITS ANGÉLIQUES
Action	Action surnaturelle *Ex opere operato*	Action préternaturelle[78]
Origine	*Ex nihilo* «à partir de rien» (réf. 2 M 7, 28)[78]	*Corporalia activa* «agents naturels» À partir d'éléments existants
Conséquences	— Miracle — Création nouvelle	Prodige Manipulation de la matière.

Dans les dernières spéculations de son traité sur *Le Mal*, Saint Thomas souligne, avec concision, ce que nous constatons couramment dans la sorcellerie classique, à savoir la nécessité pour un sorcier de toujours exercer tel ou tel maléfice en binôme avec un *esprit* tutélaire (ce que la mythologie appelait un parèdre et que l'anthropologue américain Castaneda dénomme Allié), autrement dit un démon sans lequel un chaman (synonyme de sorcier en langage sibérien) ne saurait exercer son art.

«Les signes ou miracles — PRODIGES — qu'opèrent les magiciens grâce à des pactes privés avec les

78- 2ème livre des Martyrs d'Israël, ch. 7
79- Préternaturel, c'est ce qui dépasse le caractère naturel sans impliquer un ordre différent (à la différence du surnaturel).

démons (*per privatos contractus demonum*) ne dépassent pas l'ordre des causes naturelles comme le font ceux — MIRACLES — qui sont produits par la puissance divine ; mais ils sont produits par la puissance de principes actifs naturels qui dépassent la compréhension et la capacité des hommes»[80].

À ce propos, il faut préciser que le démon est bien sûr capable d'agir en ce monde au moyen de tel ou tel sortilège, y compris par le truchement d'une prétendue «magie blanche», mais c'est toujours pour se retourner tôt ou tard contre celui qui lui a prêté serment d'allégeance, à travers un pacte en l'occurrence. Cette affirmation se retrouve dans l'ensemble des traités de magie noire, y compris dans la bouche d'*Anton LaVey*, auteur de *The Satanic bible*, considérant qu'il n'existe pas de magie blanche ou noire mais une seule et unique magie ayant pour origine celui qui ne cherche que la perte du genre humain.

Cependant, comme le dit Saint Augustin dans son *De Trinitate*, cette puissance demeure subordonnée à la volonté de Dieu sans laquelle le genre humain serait déjà anéanti depuis pratiquement l'origine de son apparition sur terre. Autrement dit : «les démons peuvent bien des choses grâce à la puissance de leur nature, qu'ils ne peuvent réaliser à cause d'une interdiction divine»[81].

80- Saint Thomas, *De Malo*, Q 16, a 9, s 11.
81- Saint Augustin, *De Trinitate*, III, 9 : *Multa demones possunt virtute sue nature, que non possunt propter prohibitionem divinam...*

À partir de ces quelques préalables, nous pourrions enfin adapter notre clé d'interprétation à la singulière entrevue relatée dans le Livre de l'Exode aux chapitres 7-8 et qui met en relief la joute prodigieuse opposant d'une part le Pharaon et ses magiciens et d'autre part Moïse et Aaron son porte-parole :

Agents	Moïse et Aaron sont mandatés par le Dieu d'Israël	Les Magiciens de Pharaon
1ère Action	1er prodige : le bâton transformé en serpent (Ex. 7, 10)	Les bâtons se changent apparemment en serpents (Ex. 7, 11)
Conséquences	Le bâton de Moïse engloutit les bâtons des magiciens	Pas de conjuration possible
2ème Action	Création de nuées de moustiques (Ex. 8, 12-15)	Les magiciens sont dans l'impossibilité de réaliser le même prodige
Conséquences	Miracle opéré par Dieu devant Pharaon et magiciens	Les magiciens reconnaissent la supériorité du Seigneur d'Israël : "C'est le doigt de Dieu !"

Si les anges ou les démons parviennent à assumer un corps apparent et par conséquent visible par l'homme, c'est parce qu'ils ont la faculté de former un corps à partir de différents éléments matériels tel que l'air ou une quelconque condensation, nous le soulignions précédemment.

Dans l'Ancien Testament, ces apparitions sont relativement nombreuses. L'exemple de l'Archange Raphaël est un des plus connus lorsqu'il apparaît aux yeux de Tobit et de son fils Tobie. Ces apparitions ont pour seul but de protéger ou d'avertir les hommes de telle ou telle menace ou encore de les convier à la conversion et par conséquent ces mêmes prodiges ne se manifestent que dans la perspective d'une rencontre singulière de l'homme avec son Dieu. C'est en effet ce que manifeste l'Archange devant les deux hommes — Tobit et Tobie — ; Raphaël invite ses interlocuteurs à se détourner de son *apparence* — son corps d'emprunt, pour le dire littéralement — afin de les entraîner à adorer Dieu.

«Pour moi — l'Archange Raphaël — quand j'étais avec vous — Tobit et son fils — ce n'est pas à moi que vous deviez ma présence, mais à la volonté de Dieu : C'est Lui qu'il faut bénir au long des jours, lui qu'il faut chanter. Vous avez cru me voir manger, ce n'était qu'une apparence. Alors, bénissez le Seigneur sur la terre, et rendez grâce à Dieu. Je vais remonter à Celui qui m'a envoyé. (...) Un ange de Dieu ne leur était-il pas apparu !» (Tb. 12, 18-21).

Les démons, suivant certaines procédures chamaniques ou lors de séances de spiritisme parviennent parfois à se manifester à travers ce que l'on appelle des ECTOPLASMES[82] (condensations gazeuses ou autres vapeurs). Les démons sont capables de condenser la matière, l'air ambiant, et jusqu'à leur donner une forme plus ou moins familière. Ces corps sont réels d'un certain point de vue puisque nos sens peuvent les voir, mais ces *corps* ne sont pas substantiels comme peut l'être un corps humain. Ce sont des apparences de formes vivantes ou animées. C'est ainsi que des esprits peuvent prendre l'aspect de serpents ou autres animaux sauvages et pour ainsi dire «habiller» tel suppôt vivant ou non et donner l'apparence d'une apparition animalière réelle.

Le bouclier d'Achille décrit dans l'Iliade d'Homère (chant XVIII), les livres des morts égyptien et tibétain... sont d'anciennes illustrations de ces très nombreux «esprits zoomorphes» susceptibles d'apparaître ou de surgir au cours de séances chamaniques.

Ces apparitions peuvent enfin emprunter l'apparence d'un défunt jusque dans sa silhouette et sa voix au point que le médium et les spectateurs *reconnaissent* la personne défunte. Ces phénomènes sont

82- Le terme d'ECTOPLASME (ex-to-plasme) traduit littéralement une «extériorisation de formes matérielles». Cf. Développements dans «Yoga face à la Croix» de Denis Clabaine, Auteur/Éditeur, Lunel, et ses différentes spéculations sur la question dans ses études sur l'exorcisme.

des variantes d'expériences de xénoglossie, de parler en langues étrangères.

Les quatre Évangiles relatent de nombreux passages d'exorcismes au cours desquels Jésus interpelle non pas un possédé mais un «esprit-possédant-un-individu», et donc un démon. Dans le cas précis du démon gérasénien, Jésus menace non pas l'homme possédé mais le démon *Légions* qui infeste — et emprisonne — un individu qui ne peut vivre que dans le cadre de cimetières. Jésus interpelle un esprit !

Les prodiges, opérés par les magiciens de la cour de Pharaon à l'époque de Moïse ou ceux d'aujourd'hui qui se produisent parfois dans les Salons de la Voyance (Porte de Versailles en particulier) ont pour seul recours des principes propres à la *nature*. Comme nous l'avons déjà exposé, ces principes dépassent l'entendement humain et agissent à des niveaux très subtils de la matière que l'homme ne peut appréhender directement. Les démons étant déchus du monde de la grâce n'exercent leurs «puissances» que sur la nature et seulement pour la «dé-naturer».

Une nouvelle religiosité

Le cinéma de nos jours, en particulier le genre fantastique, *fantasy* ou *gore*, dans de très nombreux films par le biais des images de synthèses et la technologie des procédés virtuels, traduit presque parfaitement ces illusions et ces prodiges effectués par des chamans ou magiciens.

Bon nombre de ces aventures virtuelles et de ces scénarii précédemment évoqués expriment et traduisent finalement une spiritualité nettement subversive mais surtout décadente et magique, une religiosité de «la toute puissance» et de la permissivité maximale. Ces pratiques ne sont pas nouvelles, souvent liées à certains cultes néopaïens de la mouvance Nouvel-Âge, à la différence près que les cercles en question et les mouvements *New Age* ne s'adressent qu'à des initiés !

Non ! la culture à laquelle nous souhaiterions faire allusion à présent touche un autre public, celui-ci très fluctuant, n'étant pas forcément lié à des groupes officiels ou clairement définis. Ses adeptes sont tout simplement les jeunes et les adolescents que nous côtoyons tous les jours, ceux-là mêmes qui se réfèrent — et le plus souvent sans le savoir — à des organisations assez bien repérées dans l'histoire de la magie et de l'occultisme classique.

Voici très brièvement résumé les principaux courants sous-jacents à ce nouveau type de religiosité.

Le thélémisme : une religion de la chair

De nos jours, quantité de groupes apparaissent sur la scène internationale ou régionale et produisent des spectacles et jeux de scènes décadents à un degré jamais atteints jusqu'alors. Les anciens *Iggy Pop* et *Alice Cooper* sont, de fait, nettement dépassés par des productions comme celles des groupes *Christian Death, Eros Necropsique* (Album *Charnelle Transcendance*), *Necrophagia* (*Thought eyes of the dead uncunt*) et plus encore *Rockbitch* un groupe féminin à l'origine de plusieurs albums comme *Bitchcraft* ou *The Bitch O'Clock News...*

Cette tendance, est non seulement décadente, mais verse de plus en plus dans une véritable violence pornographique à caractère religieux, aussi paradoxal que cela puisse paraître.

Ce mode d'expression est très proche dans son esprit des artistes appelés *Performers*, c'est-à-dire ceux qui pratiquent la «mystique de la souffrance». Ce sont des comédiens toujours plus nombreux comme Ron Athey, qui, par exemple, est capable de s'illustrer sur scène à travers un simulacre du martyre de Saint Sébastien, le corps perforé de flèches !

Ces artistes ont en commun, pour la plupart, de côtoyer de près ou de loin des cercles ésotériques comme l'*Ordre du Temple d'Orient — OTO —* ou encore le *Mouvement de Thélème* — le thélémisme — et différentes organisations initiatiques en partie liées au mage *Aleister Crowley* (1875-1947).

Ce qui caractérise ces groupes, c'est certainement leur prédilection pour l'occultisme et la pratique de la théurgie ou de la transe de possession — différentes variantes de spiritismes — mais aussi le «culte de la chair». En repoussant toujours plus loin les limites de la décence et de la permissivité, ces artistes vulgarisent pour des foules de jeunes, ce qui n'était réservé alors qu'à des cercles très fermés. Aujourd'hui, il est assez facile de se procurer[83] des «vidéos extrêmes» qui relatent des sacrifices humains, des sabbats lucifériens voire des reconstitutions cinématographiques appelées *sniff movies*, c'est-à-dire des films de tortures.

Nous sommes très étonnés de constater que des musiciens[84] déjà évoqués plus haut comme *Christian Death* ou *Rockbitch* mais aussi certaines *BD* puissent vulgariser les cultes sataniques les plus extrémistes.

Les «publications jeunesses» des années deux mille comme *Les Démons d'Alexia*[85] (mars 2004) ou

---

83- Ventes par correspondance avec des maisons de distributions françaises comme *Adipocere Records*, à Vonnas dans l'Ain ou par le biais de sites Internet, en particulier ceux affiliés aux rubriques *Satanik Church*.
84- Par l'intermédiaire d'enregistrements *DVD* en particulier aujourd'hui toujours plus nombreux et disponibles à tous publics.
85- Dugomier, Ers & Scarlett, *Les Démons d'Alexia — L'Héritage*, Éd Dupuis, 2004. Cf. également sites Internet Spirou.com ou www.dupuis.com.

Tendre Violette[86] (janvier 2003) pour ne citer que ces deux volumes expliquent par exemple avec une précision saisissante les différentes procédures d'envoûtement ou de magie noire ! Nul besoin d'être initiés de nos jours à des sectes lucifériennes ou autres pour connaître ces rites d'ordre magique et chamanique. Il suffit donc de feuilleter la littérature enfantine pour en connaître les plus grands secrets.

Le Vatican et les successeurs de Saint Pierre

Lorsque le Pape *Jean-Paul II* visite les cinq continents en pèlerin infatigable — et à sa suite *Benoît XVI* — *Marilyn Manson* fait lui aussi le tour de la planète avec crosse, soutane blanche, mitre et étole[87]... pour le plus grand divertissement de millions de jeunes fans et admirateurs. Il est à noter que Manson effectue des tournées mondiales tous les deux ans et ceci n'est qu'un exemple de plus parmi d'autres !

Si nous feuilletons le monde des bandes dessinées, nous découvrons également des intrigues très développées contre le Vatican et la personne du Pape en particulier à travers une vingtaine d'albums — pour les plus connus — comme *Thanata, 666, Le Scorpion, le Triangle Secret...*

86- Servais & Raives, *Tendre Violette* — Lucye, Éd. Casterman, 2003. Site WWW. casterman.cpm

87- Il suffit d'assister à ces concerts ou de visionner en particulier le *DVD* intitulé Marilyn Manson, *Guns, God and Government World Tour*, Universal, 2002, Eagle Vision.

Dans la même perspective, différents scénarii de Jeux de Rôles sont aussi orientés contre la personne du Pape. Après les Jeux *Vampire, Nephilim* et *Kult*[88] dans lesquels les démons et les hommes en particulier s'entre-tuent à l'infini, ce sont de véritables parodies bibliques qui commencent à envahir le domaine très spécialisé des Jeux de Rôles. Ces aventures correspondent à *The End* (sur la Fin des Temps)[89], *Witchcraft* (sur la sorcellerie[90] et le satanisme) et plus encore *Armageddon* qui défient littéralement le Vatican et le cœur de l'Église en la personne du Saint-Père. L'histoire d'*Armageddon* est centrée autour de l'assassinat du Pape sur fond de conspiration, assassinat perpétré dans l'optique de faire advenir l'avènement de l'Anti-Christ (...)

Ces Jeux de Rôles et bandes dessinées évoquent de façon tantôt ouverte tantôt insidieuse une haine farouche contre le successeur de Pierre. Or, si nous procédons à une étude comparée de ces différentes aventures et intrigues nous découvrons alors une souche commune à chacune de ces histoires, un dénominateur commun qui correspond en fait à une œuvre littéraire de la fin du XIXème siècle écrite par Saint-Yves d'Alveydres : «La Mission des Souverains»[91].

88- *Vampire, The Masquerade, Nephilim et Kult* sont respectivement édités par WHITE WOLF, MULTISIM ET METROPOLIS GAME.

89- *The End* est édité par SCAPEGOAT GAMES.

90- Comme le nom anglais *Witchcraft* l'indique !

91- Cf. en particulier les très riches investigations à ce sujet de JEAN-MARIE DOMERGUE, *La Parousie de Jésus le Messie*, à paraître.

Dans cette œuvre publiée en 1882, l'auteur en question discrédite à longueur de pages l'histoire des débuts du christianisme et imagine en particulier l'existence d'une «loge secrète» qui aurait été fondée par Jésus lui-même. Dès lors, sans aucune pièce à conviction sérieuse ni bien sûr aucune preuve scripturaire, une véritable mythologie christologique et ecclésiologique se développe sur les fondements de «La Mission des Souverains». Sur ces bases, les cosmogonies théosophiques et Rose-Croix diversifient en des directions les plus fantaisistes les perspectives sotériologiques des quatre Évangiles, la mission rédemptrice du Christ et finalement l'œuvre de salut dans son ensemble et dont l'Église à la charge depuis près de deux mille ans. Or nous constatons que de nos jours ces textes ne sont plus la propriété exclusive de mouvements spiritualistes et gnostiques de type rosicruciens ou maçonniques, mais ils font des émules ! En effet, de plus en plus de séries littéraires adoptent également un regard nettement révisionniste sur la chrétienté en général et développent une suspicion grandissante à l'égard du Vatican, voire du Pape. Dans des scénarii plus que douteux, le Souverain Pontife devient une cible au sens figuré... et au sens propre du terme !

Exaltation de l'Anti-Christ !

Depuis la création de l'album du groupe *Iron Maiden* : *The Number of the Beast 666* des années quatre-vingt, de nombreux groupes font allusion de près ou de loin à l'exaltation de la Bête, du Faux Prophète et bien sûr à l'avènement de l'Anti-Christ. Pour ce faire, les artistes en question se réfèrent au Livre de l'Apocalypse et aux Lettres de Saint Jean ainsi qu'à la seconde Lettre de Saint Paul aux Thessaloniciens, référence bien sûr revues et corrigées sous le filtre des œuvres précédemment évoquées !

Les six premières trompettes du Jugement (Ap. 8 et 9)
Le Faux Prophète et la Bête (ch. 13)
Les sept fléaux (ch. 16)
L'apostasie et l'avènement de l'Antichrist (2 Th, 2)

D'innombrables chansons *Metal* ou *Gothic* dénaturent les écrits bibliques ci-dessus soit en isolant les récurrences de leur contexte, soit en modifiant en profondeur le sens général de la Révélation. À titre d'exemples, les quelques groupes suivants développent une thématique nettement antichristique en particulier à travers des textes plus sombres les uns que les autres : Les titres sont déjà très évocateurs !

Groupe Norvégien	• *DIMMU BORGIR* album *Death Cult Armageddon*
Suédois	• *BEWITCHED* album *Rise of the Antichrist*
Finlandais	• *GOD FORSAKEN* album *Dismal gleams of Desolation*
Anglais	• *CRADLE OF FILTH* album *Cruelty and the Beast*

	• *CURRENT 93 ∴* album *Dogs Blood Rising*
Allemand	• *ANCIENT CEREMONY* album *The Third Testament*
Polonais	• *CHRIST AGONY* album *Dæmoonseth* • *BEHEMOT* album *Antichristian phenomenon*
Français	• *TEMPLE OF BAAL* albums *Black Unholy Presence* et *Servants of The Beast* • *APOSTASIA* album *Martyrs of God...*
Belge	• *ABORTED* album *Goremageddon*
Suisse	• *CELTIC FROST* album *To Mega Therion*
Italien	• *ARACHNES* album *Apocalypse*
Américain	• *MORBID ANGEL* album *Abominations of Desolation* • *VITAL REMAINS* album *Dawn of The Apocalypse*
Brésilien	• *KRISIUN*, albums *Conquerors of Armageddon* et *Apocalyptic Revelation...*

Ces différents groupes sont très connus dans les sphères du *Metal* et sont à l'origine de plusieurs centaines d'albums. Si nous étudions dans le détail cette littérature, nous sommes alors frappés par les très nombreuses références et récurrences faites autour de plusieurs thèmes comme l'Apocalypse et «la guerre totale» qui correspondrait quant à elle à la bataille d'*Armageddon*. Ces références ne peuvent se comparer à celles des «films catastrophes» à l'image de ce que sont *Matrix, Terminator, Le Jugement dernier* et autres productions comme *Le Jour d'après* où finalement le *bien* l'emporte sur «l'angoisse des temps». La «Culture Jeune», dans bien des aspects, nous éloigne radicalement de l'objectif des prophéties bibliques pour finalement mettre en valeur le seul avènement de l'Anti-Christ, et qu'importe s'il porte les noms de «Nosferatu», «Purificateur» ou «Hell-Boy» ! L'idée est toujours la même, c'est une idée noire sans perspective aucune ; une idée qu'exalte toujours plus une véritable «culture de mort», expression empruntée au Pape *Jean-Paul II* !

- Dans ce contexte, la Passion du Christ est étrangère à toute Rédemption. Jésus crucifié est comparé à l'un des plus grands *Performers* de la souffrance.

- Volontairement soustrait à toute espérance, le destin de l'homme déchu supplante la perspective de la résurrection ou d'une éventuelle survie dans l'au-delà, c'est le culte du thanatopsychisme, la mort et la disparition définitives de l'âme humaine.

- Les deux derniers chapitres de l'Apocalypse

sur la Jérusalem Céleste n'apparaissent jamais comme références ;

- L'Anti-Christ succède définitivement au Christ.

Les prophéties bibliques ainsi dénaturées ou perverties n'ont pour seul objectif que de renverser ou encore d'inverser le sens général de la Rédemption. Or le Christ est venu sur terre non pour juger et donc perdre le monde, mais pour le sauver. Cette caractéristique est centrale dans les quatre Évangiles jusque dans la perspective eschatologique des Lettres aux Thessaloniciens ou de l'Apocalypse. Lors des trois tentations du Christ au désert, le démon procède à diverses tentatives qui n'ont pour seul dessein que de détourner et donc d'annuler la véritable mission du Christ venu parmi les hommes pour leur offrir le Salut et non la damnation. Le démon tente d'inverser par trois fois le cours de la Rédemption, jusqu'à la Croix qui va paradoxalement anéantir son pouvoir mortifère à jamais, ce que rejette bien sûr la «culture jeune» la plus noire !

Le Christ, dès les premiers instants de sa résurrection, renverse le pouvoir de la mort et dessaisi le démon de son pouvoir funeste exercé sur les hommes.

La foi catholique, notamment sur la base de textes du Nouveau Testament, reconnaît bel et bien l'existence de l'Anti-Christ qui doit advenir à la Fin des Temps. Cependant, le pouvoir autoritaire et tyrannique de l'Anti-Christ ne s'exercera que sur une période limitée de l'histoire humaine, laps de temps qui précédera l'avènement glorieux et définitif du Christ en gloire. Le Catéchisme de l'Église Catholique est très explicite à ce sujet :

«Avant l'avènement du Christ, l'Église doit passer par une épreuve finale qui ébranlera la foi de nombreux croyants. La persécution qui accompagne son pèlerinage sur la terre dévoilera le *mystère d'iniquité* sous la forme d'une imposture religieuse apportant aux hommes une solution apparente à leurs problèmes au prix de l'apostasie de la vérité. L'imposture religieuse suprême est celle de l'Anti-Christ, c'est-à-dire celle d'un pseudo-messianisme où l'homme se glorifie lui-même à la place de Dieu et de son Messie venu dans la chair»[92].

92- Catéchisme de l'Église Catholique, § 675.

III

L'Espérance contre toute espérance

Le Fils de l'homme, quand Il viendra, trouvera-t-il la foi sur la terre ?

Certes, nul ne connaît ni le jour ni l'heure de la manifestation ultime de cette imposture mais nous sommes néanmoins invités — par le Christ en personne — à considérer, mieux encore, à discerner très sérieusement les signes avant coureurs de ce «mystère d'iniquité». Nous ne pouvons pas constamment affirmer que les «signes des Temps» dont parlent les Évangiles sont toujours à venir dans un futur plus ou moins lointain.

La jeunesse des pays dits «émergents» souffre de tant de maux, parfois victimes de déplacements de foules au gré de persécutions interethniques, mais cette jeunesse garde néanmoins le sourire dans l'espoir de lendemain meilleur.

En Occident en revanche, si une certaine prospérité est encore de mise, le sourire, quant à lui, a pratiquement disparu de notre culture, y compris des publicités de mode les plus esthétiques.

Au-delà de ces apparences, nous ne pouvons pas ignorer cette inquiétude latente qui gagne la jeunesse d'aujourd'hui très souvent découragée par ce monde désenchanté dont nous sommes les ascendants directs ! L'imposture à laquelle nous faisions allusion il y a peu, ne saurait surgir du néant comme une punition injuste dont on pourrait encore se plaindre sous le seul prétexte que personne ne nous aurait prévenus. Non ! une fois encore, l'hiver le plus glacial ne saurait advenir subitement sans quelque refroidissement préalable. Nul doute que le temps de Dieu n'est pas celui de l'homme, mais nous ne pouvons pas rester insensibles à cette célèbre sentence de Jésus qui, plus que jamais, décrit le caractère de notre époque en quelques mots «Le Fils de l'homme, quand il viendra, trouvera-t-il la foi sur la terre[93] ?»

Or ce qui caractérise toujours plus la «Culture Jeune» dans les aspects que nous avons soulignés, c'est une apostasie grandissante de la vérité. Et comme la jeunesse est évidemment le monde de demain, nous sommes très sérieusement invités à y répondre parce que demain est à notre porte ! Ceci ne peut être considéré comme un ultimatum parce que l'alternative est déjà sous nos yeux comme elle l'était à l'époque du Deutéronome quand le Seigneur dit à son Peuple : «je te propose aujourd'hui vie et bonheur, mort et malheur... Choisis donc la vie pour que toi et ta prospérité vous viviez toujours[94]...»

Jusqu'au dernier souffle, jusqu'à l'ultime de nos forces, nous devons toujours espérer à l'image de cette phrase célèbre de Paul Claudel : «Quand il fait

93- Évangile selon Saint Luc, 18, 8.
94- Livre du Deutéronome 30, 15 et suivants.

froid en hiver et que le froid et la gelée resserrent tout, on croit que tout est mort et que tout est fini. Mais il y a l'espérance qui est la plus forte. On croit que tout est fini, mais alors il y a un rouge-gorge qui se met à chanter[95].»

«Le Fils de l'homme, quand il viendra, trouvera-t-il la foi sur la terre ?»

À travers cette question impérieuse, Dieu ne saurait nous menacer comme si nous devions lui répondre en toute quiétude «oui ou non» à l'occasion d'un référendum, un vote crucial sur le destin de l'homme. Et quand bien même si la nuit devait tomber sur le genre humain, la présence du Bon Pasteur ne saurait nous manquer jusqu'à la fin du monde. Cette affirmation est même des plus importantes puisqu'elle correspond aux derniers mots de l'Évangile selon Saint Matthieu (ch. 28, 20). Or, si l'Anti-Christ est une révolte et une imposture synonyme de mort, le Christ quant à lui incarne et représente une amnistie générale qui a pour nom «miséricorde», littéralement la «misère» humaine qui s'engloutit dans le «cœur» du Rédempteur : «*miserere – cordis*». Ceci étant dit, la Rédemption ne saurait nous être donnée sans collaboration de notre part ; à l'image du récit évangélique de l'aveugle-né que nous voulons évoquer à présent, il nous est nécessaire aujourd'hui de «crier» très fortement pour que la Lumière fasse disparaître l'Obscurité actuelle de notre monde.

95- Extrait de *Jeanne au bûcher* de PAUL CLAUDEL.

«L'aveugle-né»

«Que veux-tu que je fasse pour toi ?» dit Jésus.
«Que je voie !» dit l'aveugle.

La nuit s'adresse à la lumière, l'homme se tourne délibérément vers son Dieu et pourtant l'aveugle n'a jamais fait l'expérience de ce qu'il demande puisqu'il est aveugle de naissance ! Or, pourquoi demanderait-il quelque chose dont il ne peut soupçonner l'existence si ce n'est parce qu'il détient au plus intime de son être une certitude. Cette certitude, nulle expérience n'a jamais pu lui apporter mais en revanche il la désire de toutes ses forces, sans preuve ni référence aucune, ce qui caractérise la foi proprement théologale.

Ce cri que l'on peut considérer comme un cri vital — et non seulement primal — est peut-être comparable à celui du nouveau-né qui ne peut précisément que crier dès sa naissance, sous peine de s'asphyxier, pour faire irruption dans un monde qui lui appartient désormais.

L'aveugle est évidemment un homme à part entière, mais il est tellement meurtri dans son intégrité que la partie déficiente de sa personne le caractérise tout entier, ce qui est le propre de la blessure grave ! Ne dit-on pas d'un homme incapable de marcher qu'il est paralysé au point que sa dénomination n'est plus humaine, il n'est d'abord pas reconnu comme un tel mais bel et bien comme un *paralysé* appartenant désormais à la catégorie des handicapés et des invalides avant celle des hommes en général.

Si nous reprenons cette comparaison pour l'appliquer aux jeunes de la «génération gothique», nous dirions que ceux-ci sont trop souvent réduits par ceux qui les côtoient à la noirceur de leurs vêtements et au désespoir du monde dans lequel ils s'enferment. Or les éducateurs et les parents ont parfaitement repéré ce danger d'enfermer des individus sous telle ou telle étiquette sociologique. C'est ainsi que le dialogue se clôt sur lui-même et se referme sur un conflit des générations de plus en plus fracturé, ce qui bien sûr va à l'encontre de toute pédagogie éclairée.

Il nous est donc nécessaire de dépasser une fois encore l'apparence pour découvrir la réalité cachée sous une ombre vestimentaire ou sous un visage maquillé de blanc.

La «génération gothique» semble-t-il exprime un refus, un traumatisme proprement existentiel que nous devons certainement aborder avec beaucoup de perspicacité et d'intelligence ; une intelligence non pas d'abord intellectuelle mais capable de reconnaître les origines de ce mal-être éprouvé par des jeunes qui n'attendent que d'être entendus dans leur soif de vérité. Ce sont aujourd'hui des foules immenses qui crient leur désir de voir la lumière surgir dans leur vie. «La brebis perdue» de nos jours n'est plus seule mais elle constitue une part toujours plus importante du troupeau.

L'aveugle ne fait aucun raisonnement intellectuel mais son intelligence aspire à l'illumination. Or de la même manière, toutes proportions gardées, les adolescents peuvent nous solliciter avec la même force et à travers toutes leurs contradictions dans un «appel au secours» pathétique afin de recevoir une aide d'urgence. Se sachant confusément noyés dans une véritable «marée noire», les intéressés peuvent nous solliciter jusqu'à la violence mais il nous faut savoir lire entre les lignes, derrière les maquillages, le *piercing*, les *T-Shirts* provocateurs en prenant le temps par exemple de traduire avec eux certaines de leurs chansons préférées ou plus simplement encore en déchiffrant les titres de leurs albums habituels. C'est alors, que le plus souvent nous sommes entraînés à discuter — disputer — des sujets qui concernent la mort et l'au-delà, les croyances en général et le rôle du Christ en particulier exprimés à travers d'innombrables expressions artistiques le plus souvent caricaturales voire blasphématoires.

Conférence publique au Canada

Je me souviens de cette conférence donnée dans la ville de Sainte Hyacinthe dans la Province du Québec au Canada et à laquelle ont assisté près de deux cents jeunes venus écouter et contredire — c'était interactif — différents commentaires et analyses sur leur propre culture. Plusieurs dizaines de *Punks* étaient présents. Au terme de deux heures de débats, les organisateurs affiliés à l'ordre des Trinitaires invitèrent alors la très étrange assemblée à assister sur place à la messe que je célébrais alors sur le même podium. Aussitôt, quelques *Punks* se levèrent brutalement pour manifester leur désapprobation, mais néanmoins, la majorité d'entre eux ont voulu assister à la célébration. Soudain, au cœur de la cérémonie et lors du rite du «partage de la paix», l'un des *Punks* me sollicite pour se faire entendre en confession !

Je m'en défends bien sûr dans un premier temps, mais devant ce que je considérais comme une menace de plus en plus virulente, je me résous alors de l'écouter au cours de la messe. Quel paradoxe ! j'étais au milieu d'une assemblée totalement hétéroclite constituée de différentes générations qui habituellement s'ignorent les unes les autres. La scène en question n'excéda pas une minute au terme de laquelle je fus témoin d'un véritable miracle. En effet, après avoir reçu l'absolution, le *Punk* en question se relève — il s'était mis spontanément à genoux — et pleurait littéralement de joie, une joie indescriptible ! Ce n'est qu'à la fin de la messe qu'il m'expliqua avoir reçu en quelques instants ce qu'il recherchait depuis plus de dix années d'errances et «d'expériences interdites». Il venait de rencontrer le Seigneur en personne ! et de comparer cela à une véritable lame de fond, une rencontre fulgurante – ce sont ses propres paroles — avec le Christ qu'il ne se figurait alors qu'à travers des crucifix renversés et des pentacles en tout genre.

Quand nous assistons à des «macroconcerts» comme ceux donnés par des groupes comme *Slipknot* — au Parc des Princes à Paris en juin 2004 — ou ces *Raves* géantes qui peuvent réunir plusieurs dizaines de milliers d'individus, nous sommes toujours saisis par ces différents artifices électroniques et acoustiques capables de recréer une autre vie, un autre monde à la puissance évocatoire redoutable et dont les jeunes subissent de plus en plus la tyrannie. Le terme est fort mais correspond à ce phénomène que nous n'avons plus à décrire, celui d'un artifice qui très progressivement tend à se substituer à tous les éléments naturels indispensables à la vie et la survie de l'homme et qui tente même de remplacer son oxygène :

- La lumière du soleil est traduite par des centaines de *spots* en tout genre.

- Les couleurs sont uniformisées entre le rouge et le noir, entre le feu et la mort.

- Les sons et les paroles s'expriment à travers des vociférations ou des complaintes assourdissantes.

- Les odeurs et les parfums se consument dans celles du chanvre et autres substances psychédéliques.

Bref, cette vie n'est plus une vie mais elle y ressemble en apparence sous la pesanteur d'«un couvercle bas et lourd» comme le disait Baudelaire à propos des *Fleurs du Mal* et dont les jeunes, pour la plupart d'entre eux, tentent d'échapper à travers mille gesticulations. Ce *Punk* en est un exemple flagrant !

Brebis sans berger

Combien de fois avons-nous rencontré ces milliers de jeunes «déguisés en loup» alors que nous faisions face en réalité à des agneaux, pour reprendre la parabole de la brebis perdue ? Des agneaux aux allures guerrières, «troupeaux parqués pour les enfers et que la mort mène paître» comme le dit le Psaume 48 ! Ces confrontations — parfois difficiles surtout dès les premiers mots — à la demande des proviseurs ou directeurs de collèges et de lycées s'effectuent lors de rencontres informatives sur la «Culture Jeune».

Au fur et à mesure du débat, les adolescents sont progressivement bouleversés parce qu'aucun anathème n'est jeté ni par les uns ni par les autres. Si de nombreuses questions sont abordées — parfois techniques il est vrai — alors la majorité des participants déclarent ne pas se reconnaître dans ces expressions artistiques mortifères que nous pouvons aborder et analyser avec leur concours. En procédant par évidences et en évoquant d'abord de simples données propres à la phénoménologie, puis, très progressivement, au moyen de quelques traductions très ciblées de chansons et de *clips*, une véritable prise de conscience peut apparaître chez la plupart de ces mêmes jeunes. Et alors nous pouvons relire les Évangiles non plus avec des lunettes noires mais à la lumière du Christ. Cette prise de conscience intervient en particulier quand les adolescents découvrent l'origine et les antécédents de certaines pratiques occultes manifestées dans un nombre important d'œuvres artistiques qui leur sont devenues familières.

Le fait de démythiser certaines de leurs valeurs idolâtriques liées à la «Culture Jeune» souvent constituée de nombreux sous-entendus plus ou moins spiritualistes et religieux, cela permet le plus souvent de provoquer de vraies rencontres avec ces «chercheurs de vérités» malgré des apparences souvent trompeuses !

Ces jeunes et adolescents ne demandent en fait qu'à se faire entendre et surtout veulent comprendre pour ainsi dire de l'intérieur — avec intelligence

— cette culture qui les enferme finalement sur eux-mêmes. Un des exemples les plus pertinents correspond certainement à leur reconnaissance de certains signes distinctifs religieux tels que les crucifix.

Des jeunes en quête de vérité

Il est de plus en plus fréquent que des foules entières de jeunes se pressent et s'agglutinent afin d'assister à un concert ou à des soirées très particulières (...) comme à Berlin au *Dark Side Club*, à *Londres* (*Torture Garden*) et bien sûr à Paris (*Nuit Demonia* ou *Alien Nation*)...

Au cœur de ces longues files d'attente, ce sont pratiquement toujours les mêmes regards et surtout les mêmes visages tristes, chez les filles comme chez les garçons. Bien plus, ces dernières années, la tendance androgyne succède à la mode unisexe. Tristesse ou spleen, teint blafard et pâle, au cœur de ce mal-être organisé les corps et les visages en particulier se marquent et se distinguent au moyen de scarifications et autres *piercing* en tout genre : ce peuvent être un clou traversant l'un des deux sourcils, un anneau torsadé serti sur la lèvre inférieure et tant de blessures volontaires qui, en réalité, manifestent, extériorisent d'autres abîmes.

Là encore, ces rencontres fortuites — de type salle d'attente — font le plus souvent apparaître des confidences et révélations très surprenantes que l'on n'imaginerait jamais obtenir en ces lieux. En effet, quand un adolescent en confiance — ou un petit groupe — parvient à s'exprimer librement ou à épancher ses nombreux ressentiments, nous sommes alors face à un être tourmenté, voire torturé capable en ces instants de nous parler de son Crucifix à l'endroit ou inversé, du sang versé et même du cœur transpercé de Jésus. Aussi invraisemblable que cela puisse paraître, nous avons néanmoins découvert le pourquoi de ces révélations spontanées de plus en plus fréquentes. En effet, lors de ces rencontres, ce sont d'innombrables *clips* et autres couvertures de *CD* évoquant quantité de cimetières, d'anges, de pierres tombales ou d'églises en ruine qui, soudain, reprennent vie, pour ainsi dire par la bouche de nos interlocuteurs.

Certes les groupes comme *Dimmu Borgir, My Dying Bride* ou *Therion* — la majorité des formations gothiques dénaturent en permanence de nombreux cultes religieux, mais néanmoins dans ce contexte ces adolescents sont capables de faire une véritable expérience de foi, foi qui pourtant est souvent comme noyée dans leur «mémoire discographique». L'univers *gothique* et fétichiste est envahi de symboles religieux ou sacrés, qui leur permet paradoxalement d'avoir accès à une certaine expérience du sacré et du spirituel.

Combien de pendentifs cruciformes, de clous et de profondes scarifications peuvent ainsi, à travers la souffrance de ceux qui les portent, imprimés sur leur vêtement ou sur la peau, redonner un véritable sens à leur vie quand je traduis à leurs côtés telle ou telle chanson ou encore quand je leur décrypte des *Clips* comme ceux d'*Enigma*...

Voici pêle-mêle quelques-unes de ces découvertes si particulières, dues à une intelligence touchée par la grâce — oserions-nous dire — à l'occasion d'une rencontre fortuite comme une brève visite à un ami souffrant. À cet instant, tout change et se transforme, le désespoir peut basculer en un vrai sourire échangé ! Ces quelques lignes correspondent bel et bien à de nombreux témoignages qui traduisent des rencontres parfois bouleversantes !

- À la fin de l'automne 2003, dans un Lycée du Sud-Ouest (...), c'est une jeune *gothique*, qui reconnaît appartenir depuis plusieurs années à un cercle néo-nazi et décide alors de rompre purement et simplement avec ce qu'elle considérait jusqu'alors comme l'essentiel de sa vie.
- C'est en avril 2004, dans le Vaucluse, tel ou tel jeune qui prend conscience de la gravité des profanations perpétrées dans les cimetières.

Quand le discernement parvient à dépasser le seul aspect esthétique des albums alors nous pourrions dire que la raison l'emporte de façon décisive. Et c'est à cet instant que la grâce peut très largement opérer chez tous ces jeunes qui, après réflexion, sont en mesure de sélectionner leur discothèque personnelle et plus encore de diffuser leurs découvertes auprès de leurs différentes connaissances.

À la recherche du temps perdu

Si le «satanisme culturel» — à travers quantité de textes et images blasphématoires que nous avons déjà exposés — demeure ce qu'il est à travers des références totalement irrecevables et répréhensibles, nous sommes malgré tout persuadés que les auteurs — et leurs admirateurs — ne peuvent et ne doivent pas être assimilés à l'objet de notre étude. En effet, très paradoxalement, et l'expérience nous le prouve régulièrement, les gothiques ou autres adeptes du satanisme sont très proches — malgré eux le plus souvent — de ce Christ qu'ils ont pris en haine de tant de manière.

Les premiers principes de l'éducation et les règles générales de la psychologie soutiennent les mêmes présupposés ! Cependant, dans le cadre d'une apostasie toujours grandissante au sein de notre société de plus en plus sécularisée, nous pouvons peut-être mieux comprendre la portée de ce type de paradoxe.

La majorité des jeunes adolescents rencontrés dans le cadre de nos recherches subissent en effet pour la plupart leurs souffrances non pas suivant les règles d'un masochisme primaire mais comme une douleur très intime et toujours grandissante. Les émissions télévisuelles de type *Jackass* entretiennent bien sûr ce genre d'excès !

On ne compte plus de nos jours ces mêmes «extrémistes du spleen» — gothiques ou vampires — éprouvant une douleur existentielle indicible à travers le *piercing*, les scarifications et surtout ces auditions musicales solitaires ou collectives jusqu'à saturation.

Le plus souvent, ces mêmes jeunes se regroupent en véritables tribus comme pour pallier à la «désorganisation» de leurs propres familles recomposées la plupart du temps.

Pour ne pas nous couper de ces jeunes, il est impérieux de recevoir et de discerner ce qui correspond en fait à un appel déchirant. Cet appel est peut-être silencieux et inavoué dans l'instant mais il s'observe aisément dans le regard et l'attitude générale des intéressés ! C'est alors que nous sommes susceptibles de faire face à des êtres véritablement incarcérés dans une prison certes virtuelle mais peut-être plus redoutable que de véritables barreaux de métal. Ce sont des jeunes dotés d'une mémoire envahie par des millions d'images et de textes morbides et mortifères, accumulés «innocemment» pendant parfois plusieurs années.

Près du Château de Versailles

C'était en 2002 à Versailles, lors d'une conférence publique organisée plus spécialement à l'adresse de professeurs, parents d'élèves et éducateurs sur le thème de la «Culture Jeune». Nous étions alors près de trois cents personnes. Dès le commencement de la rencontre, près d'une quinzaine de jeunes de dix-huit à vingt-cinq ans, au look *rock* et *gothique*, et d'attitude très agressive, occupent très bruyamment le fond de la salle.

Les *Tee-Shirts* arborés sont pour la plupart une succession de «croix renversées» et autres sigles empruntés à différents rituels sataniques. Les prises de paroles spontanées et autres interjections «sauvages» ont émaillé la soirée à tel point que les appariteurs tentèrent maintes fois de faire évacuer le groupe en question, extrêmement critique à propos de notre rencontre.

Au terme de la conférence, la plupart de ces jeunes se précipitent sur le podium, après avoir ravi les micros disponibles dans l'espoir d'approfondir certains sujets sensibles ! Le public est alors plus que jamais attentif !

Patiemment — mais fermement — je parviens à rétablir sinon à renverser la tendance très contestataire de ces jeunes qui finalement ne cherchaient qu'à nous faire partager leur mal-être ! Parmi les nombreuses questions accusatrices, je me souviens plus spécialement de celles qui me reprochaient mes nombreuses réticences concernant le *rock* scandinave. Il fallut alors justifier mes affirmations en faisant référence aux très nombreux incendies volontaires à l'encontre d'une cinquantaine d'églises norvégiennes en particulier, et qui précisément sont une des conséquences funestes de ce fameux *rock* dit scandinave.

Suite à un débat houleux, les jeunes furent alors fondamentalement convaincus jusqu'à nous reprocher, devant un public visiblement soulagé, de ne pas suffisamment prendre en considération leur douleur existentielle. Pour ma part, ils me conseillèrent — ce que j'observe depuis — de faire écouter et visionner à l'occasion d'ultérieures conférences publiques quelques *vidéo-clips* qui sont autant de pièces à conviction et d'illustrations de ce mal-être propre à la jeunesse actuelle. Une fois encore la meute n'en était pas une, c'était plutôt des brebis sans berger ! Vers 23H00, je gagnais le pari lancé par ces mêmes jeunes autour d'une chope de bière dans un café tout proche. C'était le calme **après** la tempête !

Quand la rencontre est possible, y compris dans des conditions difficiles, alors les pentacles, les couronnes d'épines et les parodies de la Sainte Cène, les stigmates et autres tombeaux éventrés manifestent non plus une redoutable «descente aux enfers» mais une très surprenante «montée au ciel».

C'est Simon - Pierre qui reconnaît le reniement

de son maître quand Jésus lui demande après la résurrection : «Pierre, m'aimes-tu ?» . Et le premier des Apôtres devient alors Saint Pierre sous le regard du Ressuscité : «Tu sais tout Seigneur, tu sais bien que je t'aime !»

C'est Saul de Tarse, le persécuteur zélé, qui se convertit de façon fulgurante pour devenir Saint Paul.

C'est encore le Fils prodigue, Marie de Magdala ou encore le Bon Larron et tant de personnages connus ou inconnus qui découvrent soudain le Christ Miséricordieux jusqu'à redevenir des hommes et des femmes, des jeunes filles et des jeunes gens reconnus par le Christ comme tels, des êtres réconciliés avec eux-mêmes et surtout avec celui qu'ils croyaient être leur pire ennemi !

Le genre *gothique* noir et obscur, provocateur et souffrant retrouve peut-être alors sa première inspiration, celle qu'il avait au Moyen-Âge à travers le style du même nom, le genre gothique qui semble toucher le ciel avec les flèches de ses églises ! C'est aussi surprenant que déconcertant !

Le crucifix renversé

Ces dernières années, en Europe, et plus spécialement encore en France, de nombreux débats enflammèrent différentes instances médiatiques et politiques à propos de *signes distinctifs* se référant à telle ou telle croyance ou pratique religieuse : le port du *voile*, de la *kipa*, ou encore la présence d'un crucifix suspendu de façon ostensible dans une classe. Or, le *crucifix renversé*, à ma connaissance, n'a pratiquement jamais fait l'objet de débat ou de prise de position dans notre société alors que sa présence n'est plus à démontrer dans la «culture jeune» actuelle.

Sur ce point, nous pouvons de nouveau procéder par évidence auprès des adolescents qui ne remarquent à travers le crucifix renversé qu'un signe kabbalistique — et non une caricature — parmi d'autres symboles égyptiens, ésotériques ou autres. C'est alors que, patiemment, en effeuillant ensemble les très nombreuses revues spécialisées concernant la musique et les concerts et bien sûr à travers l'étude de différents *vidéo-clips*, nous «redécouvrons» un univers familier qui, en fait, nous échappait jusqu'alors. Maintes et maintes fois, nous sommes susceptibles de côtoyer telle ou telle histoire ou aventure virtuelle sans prendre garde ni même constater la présence sacrilège d'un crucifix planté la tête en bas. Le crucifix est «à l'envers» comme le serait tout autre objet banal réfléchi dans un miroir ou d'autres effets spéciaux.

Au cœur du débat, les groupes d'adolescents, pour la plupart d'entre eux, ne considèrent ni ne comprennent la portée de ce symbole totalement dénaturé. Il est alors nécessaire, très progressivement, de remonter la généalogie de cette caricature exhibée plus spécialement depuis l'apparition des genres *Punk* et *Death Metal* du début des années quatre-vingt. C'est alors que l'évidence de la démonstration peut nous surprendre de façon saisissante.

À cet instant, nous pouvons véritablement basculer dans le monde de la grâce ; les yeux s'ouvrent à l'évidence et le basculement d'une première conversion ne se fait pas attendre ! C'est ainsi que l'épisode évangélique des «pèlerins d'Emmaüs» peut se réitérer avec ces mêmes adolescents qui désespèrent de tout et d'eux-mêmes jusqu'à rencontrer celui dont ils ignorent même l'existence et, pour la plupart, en toute innocence de volonté. L'ouverture de leur intelligence pourrait se résumer à cet épisode évangélique appliqué au contexte actuel de nos rencontres, épisode qui n'a pour seule prétention que d'exprimer un essai de pédagogie pastorale.

1. Deux disciples du Christ, trois jours après sa mort, quittent Jérusalem... *«et il advint, comme ils conversaient et discutaient ensemble, que Jésus en personne s'approcha, et il faisait route avec eux ; mais leurs yeux étaient empêchés de le reconnaître».* (Lc 24, 15-16)

Les deux disciples, dans notre contexte, incarnent la majorité des jeunes qui nous intéressent.

Deux pèlerins sujets à un doute radical, quittent la ville de Jérusalem suite à la crucifixion de leur Maître. Tout espoir est perdu ! *«Et pourtant, nous espérions que c'était lui qui allait délivrer Israël...»* (Lc 24, 21)

2. «*Quelques femmes* – disent encore les deux disciples — *nous ont, il est vrai, stupéfiés. S'étant rendues de grand matin au tombeau et n'ayant pas trouvé son corps, sont revenues nous dire qu'elles ont même eu la vision d'anges qui le disent vivant…*»

Au fur et à mesure des rencontres, les jeunes acceptent une autre version des faits, une autre vision du monde en imaginant des perspectives plus heureuses, certes aux antipodes d'une société idéale, mais néanmoins reconsidérée à visage plus humain.

3. «*Et, commençant par Moïse et parcourant tous les Prophètes, Jésus leur interpréta dans toutes les Écritures ce qui le concernait…*» (Lc 24, 27)

- Très progressivement, à travers les méandres des sciences religieuses et la redécouverte de l'Histoire Sainte, entre batailles et réconciliations, c'est un monde plus crédible qui s'ouvre à leurs yeux.

4. «*Quand ils furent près du village où ils se rendaient, Jésus fit semblant d'aller plus loin. Mais ils le pressèrent en disant : «Reste avec nous, car le soir tombe et le jour touche à son terme.» Il entra donc pour rester avec eux. Et il advint, comme il était à table avec eux, qu'il prit le pain, dit la bénédiction, puis le rompit et le leur donna. Leurs yeux s'ouvrirent et ils le reconnurent… Notre cœur n'était-il pas tout brûlant au-dedans de nous, quand il nous parlait en chemin, quand il nous expliquait les Écritures ?*» (Lc 24, 28-32)

La puissance du Crucifix, fut-il à l'envers, est probablement proche de ce dénouement auquel nous devons toujours croire. Jésus ouvre le cœur et l'intelligence de ses interlocuteurs, les bras ouverts et, littéralement, le cœur ouvert, sans autres arguments démonstratifs que son accueil, sa miséricorde sans limite pour des êtres qui fuient Jérusalem. C'est alors que l'on éprouve une joie indescriptible, celle du retour après l'exil. Enfin ! je retrouve ma terre natale, mon innocence première… !

Sans idéalisme aucun, nous affirmons que l'épisode d'Emmaüs — alors que la nuit tombe, précise l'Évangéliste Luc — est une histoire sans cesse vérifiée auprès des jeunes d'aujourd'hui, et plus spécialement encore auprès des plus récalcitrants à toute approche pastorale ou enseignement évangélique.

Le crucifix renversé, c'est peut-être aussi la redécouverte du martyre de Saint Pierre à Rome. C'est lui, le premier, qui, d'une manière très paradoxale et prophétique, annonçait, la tête en bas, la passion de l'Église des derniers temps[96], que nous vivons peut-être de nos jours. Déréliction et très réelle souffrance ressenties aujourd'hui par beaucoup et que tant de jeunes expriment également à travers moult scarifications et autres blessures affectives masochistes.

Nous pouvons enfin *renverser* à notre tour la tendance mortifère la plus noire de la «culture jeune» à l'aide d'un diagnostic non seulement clinique mais aussi en considérant des centaines de jaquettes de *CD* et de Jeux Vidéos comme autant d'icônes du Christ qui souffre encore sa Passion pour ceux qui en sont les détenteurs. «Je ne suis pas venu pour les justes, dit le Christ, mais pour les malades et les pécheurs». Ou encore suivant le texte de l'Apocalypse : «il essuiera toutes les larmes de leurs yeux[97]».

96- Cf. Catéchisme de l'Église Catholique § 675.
97- Apocalypse selon Saint Jean 7, 17 et 21, 4.

Le plus souvent, c'est une méconnaissance et une défiance réciproques qui peuvent accentuer les dérives antichristiques, les dérives de notre société culturelle.

Dans ce contexte, les aspects les plus noirs de la culture *Rock* et *Gothic* exaltent de façon omniprésente le plus sombre désespoir : Triomphe de la mort sans lendemain, de la mort de l'homme, de la mort du christ. La tendance *Gothic* ou *Dark Wave*, plus encore que le *Metal* le plus noir invente à l'infini ces histoires funèbres à mi-chemin entre celles d'*Edgar Poe* et les films *gore* les plus récents. Un désespoir glacial.

L'expérience dominante de ces diverses tendances correspond toujours plus à une survalorisation de l'instant présent, de l'expérience immédiate . En cela, elles expriment une forme moderne d'épicurisme. Nous avons déjà souligné cet aspect des choses. Or, cette immédiateté est dénuée de tout espoir et lendemain puisque la seule valeur à laquelle on s'attache, c'est une instantanéité qu'un produit de synthèse très prisé chez les jeunes d'aujourd'hui résume en un seul mot : l'Ecstasy. Si les adolescents affectionnent de plus en plus la *MDMA*, c'est en partie parce qu'elle survalorise la libido face à un monde qu'ils jugent toujours plus sombre.

Bénédiction et malédiction

L'une des réponses les plus convaincantes que nous pourrions donner à ces jeunes devrait être une réponse d'ordre théologal et non seulement d'ordre psychologique et affective. Cette réponse doit être un véritable témoignage, une folie évangélique qui seule peut répliquer à la folie du *Metal* et du *Gothic.*

Cette folie ne peut correspondre qu'à une foi ardente, une foi qui aime et qui espère, contre vents et marées.

C'est ce frère dominicain croisant sur une rue piétonne un jeune homme gothique tout de noir vêtu et qui le menace brutalement : «je te maudis !» Et le moine de lui répondre : «je ne suis pas capable de te maudir, mais moi, je te bénis !» à cette réponse, le visage du jeune homme se remplit de larmes...

À l'image de ce très bref témoignage, nous sommes réellement conviés à croire dans l'obscurité et espérer contre toute espérance comme le dit Saint Paul. Seul cet excès peut répondre à ce défi d'une culture de tous les excès au cœur de notre temps. La *culture Déjantée* au sein même de la *Culture Jeune* n'est pas une provocation mais elle est une urgence, l'urgence du témoignage plus que du conseil et de la rencontre. Ce témoignage est celui de la Croix du Christ, «folie de Dieu plus sage que les hommes, faiblesse de Dieu plus forte que les hommes» et dont l'intrépide Saint Paul nous dit qu'elle est la seule réponse à donner à tous les excès et folies de notre monde[98]

Si les jeunes à travers la musique font de plus en plus l'expérience de la transe, *trance music* ou autres, c'est peut-être parce que la vie intérieure, l'extase spirituelle sont en train de disparaître !

La musique adoucit les mœurs ; c'est vrai ! La culture est un trésor inestimable, c'est aussi vrai ! Mais l'art et l'esthétique ne sont pas forcément les attributs de ce que l'on appelle la splendeur, qui devrait correspondre à certaines qualités divines telles que l'être, le vrai, le beau. L'intelligence a besoin d'être conduite et éclairée pour assumer ces mêmes qualités.

La culture de *tous les extrêmes* attend peut-être de recevoir un peu de cette lumière que l'on ne peut obtenir que d'En Haut, en particulier du Christ, dont il est urgent d'annoncer la Résurrection, une expérience qui seule peut assouvir une attente de tous les instants.

98- Cf. Saint Paul, Lettre aux Corinthiens, I, 25

Table des matières

Éditions Bénédictines
Rue Georges Ratier
36170 Saint-Benoît-du-Sault
www.editionsbenedictines.com
n° éditeur 2-84863
ISBN 2-84863-034-5
Conception EB
Impression Caractère S.A. (15)
Achevé d'imprimer novembre 2005
Dépôt légal novembre 2005